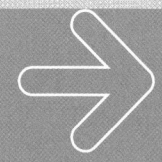

健康服务与管理导论

主 编 马兴铭 李 玲

西南交通大学出版社
·成 都·

图书在版编目（CIP）数据

健康服务与管理导论 / 马兴铭，李玲主编. —成都：西南交通大学出版社，2021.10（2025.1 重印）
ISBN 978-7-5643-8284-1

Ⅰ.①健… Ⅱ.①马…②李… Ⅲ.①卫生服务-高等学校-教材②卫生管理-高等学校-教材 Ⅳ.①R19

中国版本图书馆 CIP 数据核字（2021）第 205415 号

Jiankang Fuwu yu Guanli Daolun
健康服务与管理导论

主编	马兴铭　李　玲
责任编辑	吴启威
封面设计	阎冰洁
出版发行	西南交通大学出版社 （四川省成都市金牛区二环路北一段 111 号 西南交通大学创新大厦 21 楼）
邮政编码	610031
发行部电话	028-87600564　028-87600533
网址	http://www.xnjdcbs.com
印刷	四川煤田地质制图印务有限责任公司
成品尺寸	185 mm×260 mm
印张	9
字数	201 千
版次	2021 年 10 月第 1 版
印次	2025 年 1 月第 3 次
定价	33.00 元
书号	ISBN 978-7-5643-8284-1

课件咨询电话：028-81435775
图书如有印装质量问题　本社负责退换
版权所有　盗版必究　举报电话：028-87600562

《健康服务与管理导论》
编 委 会

主 编　马兴铭　李　玲

编 委　（按姓氏拼音排序）

　　　　李　玲　刘媛琪　罗芯怡

　　　　马兴铭　马雪玮　曾德全

　　　　张　皓

前言
PREFACE

党的十八大以来，习近平总书记高度重视人民健康。为推进健康中国建设，提高人民健康水平，2016年，中共中央、国务院印发并实施《健康中国2030规划纲要》。2017年，在中国共产党第十九次全国代表大会上，习近平再次提出实施健康中国战略。2019年6月，国务院印发《国务院关于实施健康中国行动的意见》（国发〔2019〕13号），推动从以治病为中心转变为以人民健康为中心，实施健康中国行动，提高全民健康水平，为人民群众提供全生命周期的卫生与健康服务被确立为建设健康中国的目标。随着"大健康"领域相关产业及服务业的迅速发展，人才培养层次逐步完善，"大健康"方向的教材需要优化，以支撑健康服务与健康管理专业人才培养，适应我国高等医学教育的改革与发展。

在西南交通大学出版社的组织下，本教材由从事健康管理教育教学的一线教师编写，在编写过程中重点围绕健康服务与管理的基本知识，帮助学生了解整个专业的课程框架和基础知识，充分体现"三基"，即基本理论、基本知识和基本技能。针对健康服务与管理知识面广、多学科交叉等特点，紧扣我国健康服务与管理发展的新趋势，结合健康事业发展的政策，力求突出"五性"，即思想性、科学性、先进性、启发性和实用性。课程内容按照由浅入深、循序渐进的方式介绍，帮助初次接触健康服务与管理的学生深入理解，提升学生学习的积极性。

本教材概括介绍健康服务与管理专业与职业、专业基础知识与技能、健康服务业三部分内容。健康服务与管理专业与职业主要包括健康服务与管理的起源及发展、专业体系、职业发展；专业基础知识与技能主要包括健康服务与管理的医学理论基础、管理理论基础、健康服务与管理的方法学、相关政策与法律、健康风险评估、健康管理策略、健康服务管理的信息化等内容；健康服务业主要包括中医药健康服务业、健康养老服务业、健康体检业、健康保险业、健康旅游业及健康服务支撑产业。每章罗列了本章学习目标及练习题、拓展案例的电子学习资源，激发学生兴趣和思考，帮助学生巩固所学内容。

本教材由马兴铭负责第一章，曾德全负责第二章和第七章，罗芯怡负责第三章和第八章，刘媛琪负责第四章和第十章，马雪玮负责第五章，张皓负责第六章，李玲负责第九章。

本教材适用于健康服务与管理专业的本、专科学生及相关领域从业人员，同时也可作为普及性读物供有兴趣的读者阅读。

本教材在编写过程中参阅了大量文献，并得到西华大学和西南交通大学出版社的支持和帮助，在此表示衷心的感谢！

尽管各位编者在编写过程中尽心尽力，但由于时间仓促，以及编者水平和经验有限，书中难免存在纰漏和错误，恳请同行专家及广大读者提出宝贵意见，以便修订时进一步完善。

编 者
2021 年 7 月

目录 CONTENTS

第一章 绪论 ········· 001
　第一节　健康服务与管理概述 ········· 002
　第二节　健康服务与管理的起源及发展 ········· 005
　第三节　健康服务与管理专业体系 ········· 009
　第四节　健康管理师与职业发展 ········· 011

第二章 健康服务与管理相关政策与法律 ········· 016
　第一节　健康服务与管理相关政策 ········· 017
　第二节　健康服务与管理相关法律法规 ········· 019
　第三节　基本医疗保障制度 ········· 024

第三章 健康服务与管理的医学理论基础 ········· 026
　第一节　基础医学与临床医学 ········· 027
　第二节　预防医学 ········· 034
　第三节　中医"治未病" ········· 038
　第四节　循证医学 ········· 041

第四章 健康服务与管理理论基础 ········· 045
　第一节　健康管理理论基础 ········· 046
　第二节　卫生事业管理 ········· 048
　第三节　医院管理 ········· 052
　第四节　社区卫生服务管理 ········· 056

第五章 健康服务与管理的方法学 ········· 062
　第一节　健康教育与健康促进 ········· 063

  第二节 健康管理学的研究方法 ··· 067

第六章 健康风险评估与健康管理策略 ··· 074
  第一节 健康风险评估 ··· 075
  第二节 健康管理基本策略 ··· 080

第七章 健康服务与管理的信息化 ··· 088
  第一节 健康信息管理 ··· 089
  第二节 健康信息管理平台 ··· 092
  第三节 健康信息技术发展趋势 ··· 097

第八章 中医药健康服务业 ··· 100
  第一节 中医药健康服务与管理概述 ··· 101
  第二节 中医药健康服务业发展现状 ··· 102
  第三节 中医药健康服务的管理 ··· 105

第九章 健康养老服务业 ··· 110
  第一节 健康养老服务业发展基础 ··· 111
  第二节 健康养老服务业发展现状 ··· 115
  第三节 健康养老服务业管理 ··· 117

第十章 健康体检业与健康保险业 ··· 120
  第一节 健康体检业 ··· 121
  第二节 健康保险业 ··· 127
  第三节 其他健康服务业 ··· 130

参考文献 ··· 134

第一章 绪 论

健康服务与管理导论

 学习目标

1. 掌握：健康、健康服务业、健康管理的概念；健康服务业的特点；健康管理的基本步骤。

2. 熟悉：发展健康服务业的意义；我国健康服务业的发展；健康服务与管理的学习方法。

3. 了解：健康服务业分类；国际健康服务业的发展简况；健康管理师与职业发展。

第一节 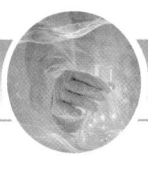 健康服务与管理概述

一、健康服务与管理基本概念

（一）健　康

从生物医学的角度看健康，会得出许许多多关于健康的定义或表述，其中具有代表性的观点认为"健康就是身体的良好状态"。这一观点尽管可以被大众普遍接受，但它却忽视了人体心理、精神、社会适应性方面的属性影响。世界卫生组织（world health organization，WHO）关于健康的定义不断完善，最早于1948年提出关于健康的概念是指"健康不仅仅是没有疾病或者不虚弱，而是一种躯体、心理和社会适应的完美状态"。随着医学模式由传统的生物医学模式逐渐发展成为"生物—心理—社会"医学模式，WHO先后几次完善了健康概念，于1989年进一步提出四维健康观，认为健康应该是躯体健康、心理健康、社会适应良好和道德健康的完好状态。

（二）疾　病

疾病是指"一定原因造成的生命存在的一种状态，在这种状态下，人体的形态和（或）功能发生一定的变化，正常的生命活动受到限制或破坏，或早或迟地表现出可觉察的症状，这种状态的结局可以是康复（恢复正常）或长期残存，甚至导致死亡"。随着生命与医学科学技术的不断发展，人们发现一些症状常由一定的原因引起，该原因在人体内造成特定的组织病理改变，在这些病理改变基础上出现的形态或功能变化的表现，即症状，此过程可存在一定的转归如痊愈、致畸、致残，甚至死亡，人们称这一过程为"疾病"。根据国际疾病分类手册，疾病名称有上万个，而且新的疾病还在不断地被发现和认知，其名称会越来越多。因此，针对健康观而言，只要不符合健康的定义，也就可以认为是有"病"了。这是广义的疾病，狭义的疾病是根据疾病分类手册而言，也就是指符合某一定诊断标准的、具体的疾病名称。

（三）健康服务

服务是指帮助他人做事并使其受益，是一方提供活劳动的形式满足另一方某种特殊需要的过程，如护理服务、快递服务等。健康服务概念的提出分为狭义和广义两方面。所谓狭义的"健康服务"基本等同于医疗卫生服务，是指医疗卫生机构利用现有的卫生资源向居民提供公共卫生、预防保健、医疗、康复等各种服务的总称。狭义的健康服务概念局限于医疗卫生服务，并没有从"大健康观"的层面考虑，而仅仅将健康服务框定在医疗卫生系统内部，未把与健康相关的非医疗卫生领域纳入进来，如健康保障等。广义的"健康服务"则是以人的健康为中心，对个体和群体开展健康促进、

医疗卫生服务、健康维护与康复等所有与健康相关服务的总称。

（四）健康服务业

服务业是指生产和销售各种服务产品的部门（企业）的集合体。如生产服务业、生活服务业、流通服务业、知识服务业、社会综合服务业等第三产业。健康服务业是成为继 IT 产业之后快速成长的新兴产业，在"大健康观"的引导下，健康服务业不仅仅是单一的产业，而是面向健康、亚健康、患病人群，覆盖全生命周期，包括所有与健康有直接或间接关系的产业链和产业体系。因此，健康服务业是以医学知识和技术为基础，以维护和促进人民群众身心健康为目标，贯穿预防、保健、治疗、康复等环节的产业集群和产业体系。2013 年，国务院在《国务院关于促进健康服务业发展的若干意见》（国发〔2013〕40 号）中明确提出了健康服务业是以维护和促进人民群众身心健康为目标，主要包括医疗服务、健康管理与促进、健康保险以及相关服务，涉及药品、医疗器械、保健用品、保健食品、健身产品等支撑产业，指导我国健康服务业的快速发展。

（五）健康管理

健康管理是以现代健康概念和新的医学模式（生物—心理—社会）以及中医"治未病"为指导，通过采用现代医学和现代管理学的理论、技术、方法和手段，对个体或群体健康状况及影响健康的危险因素进行全面检测、评估、有效干预与跟踪服务的医学行为及过程。强调以人的健康为中心，以健康或疾病风险管理为重点，以最小的投入获取最大的健康效益为目的，实施健康管理的基本环节或步骤。

二、健康服务业分类与特点

2013 年，《国务院关于促进健康服务业发展的若干意见》（国发〔2013〕40 号）明确提出了健康服务业主要包括医疗服务、健康管理与促进、健康保险以及相关服务，涉及药品、医疗器械、保健用品、保健食品、健身产品等支撑产业。

医疗服务业是健康服务业的核心内容。我国的医疗卫生服务体系由医院服务、基层医疗卫生服务以及专业公共卫生服务组成，医院服务包括综合医院服务、中医医院服务和其他医院服务，基层医疗卫生服务包括社区卫生服务、卫生院服务和门诊服务，专业公共卫生服务包括疾病预防控制服务、专科疾病防治服务、其他专业公共卫生服务。

健康管理与促进主要面向健康和亚健康人群，内容丰富，发展潜力巨大。包括健康管理服务、科学研究和技术服务、健康教育服务、健康出版服务、健康咨询服务等，随着人民生活水平的提高和对健康的社会方式追求，不断创新健康服务新模式、新业态，以满足多样化、多层次的健康服务需求。

健康保险与保障业是健康服务业的发展的重要保障机制。随着医疗改革的深入推进，我国基本形成了覆盖城乡居民的全民医疗保障体系，但商业健康保险服务相对滞后。因此，在完善城乡居民医保的基础上，要加快发展商业健康保险，建立多层次的保障体系。

健康支撑产业主要包括药品、医疗器械、保健用品、保健食品、健身产品以及智慧健康服务业等相关产业。通过提高科学技术水平，促进健康相关产业的快速发展，形成新型健康服务产业集群，增强市场竞争力。

健康服务业是与健康直接或间接相关的产业体系，主要有以下特点：

（1）技术含量高、投资大、风险高。健康服务业中应用的检测与诊疗技术与信息技术、生命科学技术等高新技术密切相关，是众多领域最新研究成果的展示与运用。健康服务业中的产品具有很高的技术要求，决定了其产品开发与技术研发所需软硬件设备费用高、投资大、周期长、失败风险高，人力资源的成本也很高。

（2）产业链条长、涉及面广。健康服务业包括医疗卫生服务、健康管理与促进、健康保险以及相关服务等多个与人类健康紧密相关的生产和服务领域，横跨第一、第二、第三产业的综合产业，包括服务于维持健康、修复健康和促进健康的相关产业。

（3）与公众自身健康直接相关。健康服务业提供给市场的产品和服务均受到人群疾病谱及死亡谱、健康需求、国家医疗卫生制度及体制等因素的影响，其市场竞争规律与其他产业有着明显的区别。消费者购买健康服务业提供的产品和服务，都是为了促进和维护自身健康，与个人人身安全直接相关，无论是被动消费还是主动消费，健康服务业提供的产品和服务都需要健全的监管机构和严格的准入制度，以保证购买者的自身安全。

（4）具有明显的经济和社会双重效益。一方面，健康服务业的市场需求巨大，有着良好的经济效益。另一方面，健康服务业为消费者提供的预防、医疗、保健、康复等相关产品和服务，是提高人口素质、提升全民健康水平的基本保障，既关系到人群的健康状况，又与社会稳定和经济可持续发展息息相关。

三、健康管理的基本步骤

健康管理是在管理学与医学理论指导下的一种前瞻性的健康服务，它以较少投入获得较大的健康效益，提高了医疗服务和医疗保险的覆盖面和承受力。健康管理的主体是具有管理学与医学技能并获得相应资质的医务工作者，客体是健康人群、亚健康人群、慢性非传染性疾病患者、康复期人群。具体到健康管理的流程操作，健康检测是前提，健康评估是手段，健康干预是关键，健康促进是目的，一般来说，健康管理有以下三个基本步骤。

（1）了解和掌握个体的健康，即健康检测和健康信息收集。只有了解个人的健康状况才能有效地维护个人的健康。简单地说，收集服务对象的个人健康信息包括：一般情况、目前健康状况、疾病家族史、生活方式（膳食、体力活动、吸烟、饮酒等）、体格检查、影像学及实验室检查。

（2）关心和评价个体的健康，即健康风险评估和健康评价。依据所收集的个人健康信息，对个人的健康状况及未来患病或死亡的危险性用数学模型进行量化评估。帮助个体认识健康风险，鼓励和帮助人们纠正不健康的行为和习惯，制订健康干预措施并评估其效果。

（3）改善和促进个体的健康，即健康危险干预和健康促进。在前两步的基础上，以多种形式来帮助个人采取行动，纠正不良的生活方式和习惯，控制健康危险因素，实现个人健康管理计划的目标，并动态追踪和评价健康管理效果。

健康管理是健康服务的核心之一，只有对服务对象进行健康管理，才能保证服务对象切实按照有序的健康生活方式生活，提高健康水平，达到健康生活的目的。

第二节 健康服务与管理的起源及发展

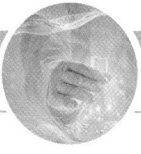

健康服务业及健康管理发展的主要驱动力是人们对健康需求的不断提高，均以医疗卫生服务为核心而逐步扩展和外延。19世纪60年代，英国著名医学专家Horace Dobell首先提出：定期的健康检查可以预防罹患疾病及死亡，有益于维护民众的健康。具体的健康检查服务最早始于1908年的美国士兵体检。1914年，美国保险公司全面引入推行健康检查。随着健康需求急剧增加，1947年，美国医药协会首次提出了"健康体检"的概念。此后，健康服务业在世界各国逐步兴起。由于各国医疗卫生服务体系和发展模式各不相同、各具特色，本节简要介绍美国、英国、日本和我国的健康服务业的发展简况及现状。

一、美国的健康服务业

美国的健康管理服务业以健康管理为核心。健康检查服务最早始于1908年的美国士兵体检；1914年美国保险公司全面引入推行健康检查；20世纪30年代，形成以"蓝十字/蓝盾"组织为代表的非营利性组织经营的健康保险计划；1947年，美国医药协会首次提出了"健康体检"的概念，并建议35岁以上的健康人应每年做一次全面身体检查；20世纪60年代末，基本形成以私人健康保险为主体、公益健康保险为补充的医疗保障体系；美国政府在1969年出台政策将健康管理纳入国家医疗保健计划，自此美国健康管理得到了迅速发展。美国健康与人类服务部先后于1980年、1991年、2000年和2010年颁布"健康公民"战略规划，以促进健康服务业的发展。

健康服务业已发展成为美国的第一大产业，据美国劳工部统计，2012年美国卫生总费用达到2.75亿美元，占国内生产总值（GDP）的16.9%；有1697万人从事健康服务与社会救助工作，占当年就业总人数的11.7%；从事健康管理服务的人数为660万人，占当年就业总人数的4.55%，健康管理已占美国整个健康产业的60%。美国拥有全球最大的医疗服务市场，医疗技术世界领先，健康产业链成熟，但健康服务业以私立机构运营为主体，加之政府干预少，在健康服务公平性方面有所欠缺，不利于某些弱势群体健康的保护。

二、英国的健康服务业

英国的健康管理服务业以国民医疗服务体系（national health service, NHS）为核心而逐步发展。NHS 最早起源于 1536 年《济贫法》规定贫穷者生病可以获得的医疗救助；1875 年颁布的新《公共卫生法》中允许地方政府使用地方财政在本地建医院；1911 年，英国政府颁布的《国民健康保险法》中规定雇主、职工、国家按比例负担健康保险费，至 1948 年 7 月，英国的国民医疗服务体系正式形成，为全民提供免费的医疗服务；20 世纪 70 年代，国民医疗服务体系的快速发展，形成 NHS 的医疗服务框架，包括基础医疗保健（一级保健）和二级医疗服务两个层次，基础医疗保健是 NHS 的主体部分；2000 年，英国政府发布了 NHS 现代化改革五年计划；2011 年，英国政府在医改中着重整合现有医疗服务，以应对人口老龄化和慢病患病率增加等问题。目前，英国已形成以 NHS 为主导、社会医疗救助和商业保险为补充的健康服务体系。

NHS 在英国的覆盖率达到了 99%，由政府主导为全民提供免费的医疗服务，被 WHO 认为是最佳的健康服务体系之一，国民健康服务的开支占 GDP 的比重从 1975 年的 3.8%提高到了 2015 年的 9.9%。健康服务整合是英国国民医疗服务体系的特点，包括医疗服务和社会服务的整合、初级卫生服务和多专科服务的整合、社区医疗卫生服务和全科医疗卫生服务的整合、生理健康和心理健康保健的整合，从国家层面进行统一规划，提高健康服务效率，降低服务费用，以应对人口老龄化、慢病患病人群增加等问题。但 NHS 体系下属部门机构众多，仍存在系统运行效率低下、服务费用增长过快等问题。

三、日本的健康服务业

日本的健康管理服务业以健康管理和健康促进为核心，即以健康管理为主导、医疗保健为辅助、健康社会生活习惯为保障，以应对人口老龄化问题，构建具有特色的社会养老模式。日本政府于 1922 年制定的《健康保险法》中规定居民必须参加且只能参加四种健康保险制度（居民、职工、老人和长期健康保险）中的一种。1950 年，日本制定的《生活保护法》提出最低保障理念，在 1958 年、1959 年和 1963 年先后颁布《国民健康保险法》《国民年金法》和《老年人福利法》，确立了老年人社会保障制度；日本于 1988 年开始倡导全年健康计划，如健康检测、运动指导、心理咨询、营养指导、保健指导等；日本政府于 2000 年发起 21 世纪国民健康促进计划"健康日本 21"的健康促进运动；2012 年，日本发布"健康日本 21"第二阶段的战略规划；2013 年，日本政府将医疗和健康产业定位为经济增长战略的新重心。

经过多年的发展，日本国民的健康意识显著提高，积极履行健康管理的义务，自觉投身于各种健康管理服务活动。2016 年,日本医疗健康产业报告显示,医疗健康产业产值达到 4 731 亿美元,在亚太地区占比为 28%。日本健康养老产业规模占 GDP 的比重达到 10%,已成为日本经济发展的支柱产业。日本已形成"医养护相结合"的专业化养老服务,当前日本的主要养老服务模式是"居家—社会型"和"年金—医疗—护理"两类养老服务体系的综合。日本以养老服务体系为核心的健康服务产业位居世界前列,在满足老年人健康需求的同时,也减轻了财政负担。但随着人口老龄化的进程加快,医护人员配置严重不足,社会保障费用支出急剧增长,加重了国家财政负担。

四、我国的健康服务业

我国的健康服务业起步较晚,直至 20 世纪 90 年代初期,健康体检还是医院的服务范畴。20 世纪 90 年代中期,北京等地开始出现相对独立的体检服务机构。至 20 世纪 90 年代后期,随着西方健康服务理念的传播以及国内健康需求市场的快速增长,以体检为重点的健康服务机构在我国得到了快速发展。

为支持鼓励和规范健康服务产业的发展,国家陆续出台了多部全国性的健康服务与管理相关政策措施,如 2020 年 6 月起施行的《中华人民共和国基本医疗卫生与健康促进法》。这些政策措施、法律制度的实施,一方面加强了健康服务业规范化、信息化、科学化的管理;另一方面促进了医疗卫生服务、养老服务、中医中药、健康保险、健康管理与促进服务、支撑产业等健康服务业的全面发展,为我国健康服务业的发展提供指导和保障,我国建立起基本医疗卫生制度,形成以国家基本医疗保险为主体、社会救助和商业保险为补充的健康保障体系,建立健全了医疗卫生服务体系。

2013 年,在《国务院关于促进健康服务业发展的若干意见》(国发〔2013〕40 号)的文件中,明确提出加快发展健康服务业,把提升全民健康素质和水平作为健康服务业发展的根本出发点、落脚点。这是我国健康服务业发展的纲领性指导文件,明确了包括健康管理在内的健康服务业未来发展方向和广阔前景。

第一章 拓展材料

2016 年,在全国卫生与健康大会上,习近平总书记发表重要讲话,强调"没有全民健康,就没有全面小康,要把人民健康放在优先发展的战略地位""加快推进健康中国建设,努力全方位、全周期保障人民健康,为实现'两个一百年'奋斗目标,实现中华民族伟大复兴的中国梦打下坚实的健康基础",为我们继续开拓中国特色卫生与健康事业指明了前进方向。同年 10 月,中共中央、国务院发布的《健康中国 2030 规划纲要》中强调三项内容,一是预防为主,关口前移,推行健康的生活方式,减少疾病发生,促进资源下沉,实现可负担、可持续的发展;二是优化健康服务体系,强化早诊断、早治疗、早康复,在强基层基础上,促进健康产业发展,更好地满足人民群众需求;三是将"共建共享、全民健康"作为战略主题,政府主导,动员全社会参与,推进社会共建共享,人人自主自律,实现全面健康。2019 年 6 月,国务院印发《国务院关于实施健康中国行动的意见》(国发〔2019〕13号),推动从以治病为中心转变为以人民健康为中心,动员全社会落实预防为主方针,实施健康中国行动,提高全民健康水平。2019年10月,全国中医药大会上,习近平总书记作出重要指示,强调加快推进中医药现代化、产业化的发展。

随着生活水平的提高,由不良生活方式如膳食不平衡、运动不足、吸烟、酗酒等生活行为危险因素引发的慢性病患病率迅速上升,尤其是高血压、糖尿病、心脑血管病的患病率明显增加,慢性病已占全国死亡和疾病负担的80%以上,居民健康需求呈现快速增长趋势,但引发慢性病的危险因素尚未得到有效的控制。此外,我国人口老龄化进程加快,自1999年步入老龄化社会以来,人口老龄化速度极为明显,老龄人口数量庞大,而我国社会养老服务体系建设仍然处于起步阶段,结合我国已出台的各项政策,未来我国养老服务将建成以居家为基础、社区为依托、机构为补充、医养护相结合的养老服务体系。

五、发展健康服务业的意义

发展健康服务业,不仅满足人民群众日益增长的多元化、多层次健康需要,提升全民健康素质的迫切需求,也有利于扩大内需、转变发展方式,对全面建设小康社会具有重要的意义。

(1)发展健康服务业有助于更好地满足人民群众日益增长的健康需求,具有极大的社会功能。世界卫生组织研究表明,全球亚健康状态人群已占到总人口的70%左右,心脑血管疾病、肿瘤、糖尿病、高血压等慢性疾病已成为危害人类健康的主要疾病,不健康习惯或生活方式等危险因素引发的慢性病患病率迅速上升。随着医学模式由生物医学模式向"生物—心理—社会"医学模式的转变,健康将会成为人民群众的优先选择。对于社会来说,如果绝大多数人都处在亚健康或不健康状态,社会就会成为一个"病态"社会。"以人为本"其前提是以人的健康为本,而大力发展健康服务业可直接满足人民群众日益增长的健康产品与服务的需求,提高人民群众的健康水平,具有极大的社会功能。

(2)发展健康服务业有助于更好地迎接人口老龄化的挑战。截至2019年年底,我国60周岁及以上人口占总人口的18.1%,达到25 388万人,其中65周岁及以上人口占总人口的12.6%,达到17 603万人。人口老龄化速度极为明显,老龄人口数量庞大,阿尔茨海默病等老年性疾病日益增多。老年人的健康不仅是家庭问题,也是重要的社会问题。因此,发展优质的老年健康服务业,有助于提升老年人的生活质量和预期寿命,减轻政府和社会的财政负担,维护和促进社会和谐与稳定。

(3)发展健康服务业有助于合理控制医疗费用过快增长,推进医疗卫生服务改革。有研究表明,在决定国民健康的因素中:生活方式占60%,环境因素占17%,遗传因素占15%,医疗服务占8%。由此可见,维护健康不只是医疗机构的责任。健康服务业所提供的产品及技术手段,能够帮助人们加强疾病预防,保持和维护人们的健康状态。此外,医疗卫生服务作为健康服务业的重要组成部分,其发展将促进经济、药物开发、医疗技术创新，有助于减轻群众个人医药费用负担、降低医疗卫生服务价格、改变公共医疗卫生服务长期薄弱状况，为解决群众"看好病"等问题做出贡献。

（4）发展健康服务业有助于提高社会人力资本的质量水平，推动社会经济发展。哈佛大学研究指出，亚洲经济发展的奇迹30%~40%来源于本地区人群健康的改善。据世界银行测算，过去40年的世界经济增长，8%~10%缘于人们健康水平的提高。

六、健康服务业发展趋势

全球已进入信息化时代，互联网信息技术的快速发展，使得健康信息的传播与沟通更加快捷方便，基于智能手机、物联网、云计算、大数据分析等信息技术与健康服务业的融合发展，健康服务质量进一步提升。健康服务相关产业涉及医疗卫生、旅游、机械、教育等多个行业，与多种产业交叉融合，如可穿戴设备、机器人、人工智能等健康制造业与健康服务业的相互融合、相互促进，为健康服务业注入新的生命力。以高端医疗卫生服务为核心业务的健康产业集群化发展和国际合作已成为健康服务业发展的趋势之一，健康产业集群化发展能够促进区域内健康资源共享，提供多层次、多形式的健康服务，满足不同消费人群的需求。此外，面对人口老龄化、慢性病等全球健康问题的威胁，世界各国政府和社会公众普遍关注，紧密协作，空前的健康服务市场需求为健康服务业带来了广阔的发展空间。

第三节　健康服务与管理专业体系

2013年，国务院下发的《国务院关于促进健康服务业发展的若干意见》（国发〔2013〕40号）明确了健康服务业属于现代服务业，确立了健康服务业的主要任务是维护和促进人民群众身心健康，界定了健康服务业行业范畴是医疗服务、健康管理与促进、健康保险以及相关服务，并涉及药品、医疗器械、保健用品、保健食品、健身产品等支撑产业，从事上述所有健康服务业以及相关产业的人才均属于健康服务人才范畴。

健康服务业的发展离不开人才的支撑，在《国务院关于促进健康服务业发展的若干意见》（国发〔2013〕40号）中指出要加大人才培养和培训力度，支持高等院校和中等职业学校开设健康服务业相关学科专业，引导有关高校合理确定相关专业人才培养规模。据不完全统计，我国养老服务业约需要100万的从业人员，而目前全国养老护理员持证人数不超过6万人，持证人员数量不到总需求的10%。随着社会经济的发展和人们生活水平的提高，人民群众对健康产品和健康服务人才的需求更加迫切。

在政府、学界和市场的不断推动下，健康相关专业应运而生。2016年，教育部正式批准设立健康服务与管理本科专业，截至 2020 年，已有 109 所高校开办了健康服务与管理专业，未来这些高校将为健康中国战略的实施输送健康相关的高级人才。

一、健康服务与管理专业的培养目标

健康服务与管理专业具有鲜明的跨学科特性，为满足社会多样化需求的、适应健康模式转变以及健康产业发展的需要，适应"健康中国2030"等国家健康发展战略需求，以推动中国健康产业的发展。培养具有扎实的医学、管理学、信息学基础及良好的职业道德，知识面宽广，具备现代健康管理理念，掌握健康服务业的知识与技能，拥有一定健康服务与管理特长、协调沟通能力以及创新精神，能在文教卫生、健康产业、生活保险与保障、康复养生等行业从事健康评估、健康管理、健康教育、健康促进、健康保险等健康服务与管理的复合型、应用型高级人才。

二、健康服务与管理专业的课程体系

健康服务与管理专业的课程体系涵盖医学、管理学、社会学和经济学。主要课程体系包括通识课程、专业课程及专业相关课程。

通识课程培养学生具备做人、做事和与人交往的基本品质，体现了国家对人才培养质量在自然科学和人文社会科学等方面的基本要求。主要包括马克思主义基本原理、毛泽东思想和中国特色社会主义体系概论、思想道德修养与法律基础、中国近现代史纲要、形势与政策、大学英语、大学体育、大学信息技术基础、高等数学、概率论与数理统计、大学生职业规划、大学生就业创业指导、卫生法规、心理学、公共伦理学等课程。该课程模块反映了对大学生德、智、体、美、劳全面发展的人才培养目标要求，是每位大学生应具备的基本素质。

专业核心课程体现了培养目标中对健康服务与管理专业人才的核心专业知识和基本专业技能的要求，即掌握医学、管理学的基本理论、知识和技能。该类课程主要有：医学类课程包括基础医学概论、临床医学概论、预防医学、营养学、老年医学、流行病学、中医学概论、中医养生学、康复医学、基础护理学、运动医学、健康教育与健康促进、健康管理学等；管理学类课程包括管理学原理、组织行为学、健康监测与促进管理、健康管理流程规范、卫生事业管理、医院管理学、社会医学等。

专业相关课程是与专业核心课程关联度较紧密的课程，主要包括社会学概论、社会研究方法、公共政策学等社会学类课程以及营销学、健康管理法律法规、健康物联网技术、人工智能与健康大数据、健康保健学、经济学原理、健康保险学等，是培养健康服务与管理专业人才的拓展课程。

三、健康服务与管理专业学习要求及方法

一是掌握健康管理与医学的理论基础和相关技能。在课程的学习过程中应掌握健

康管理的基础理论、基本知识和基本技能，掌握医学的基础理论、基本知识，以及广泛的人文社会科学和自然科学等有关知识，掌握健康检测、健康评估、健康管理、健康干预、健康保险和其他健康产业等领域进行健康服务与健康管理的技能，掌握健康服务与管理调查研究、实验研究的基本方法、数据统计分析的基本知识和实际操作方法，具备从事健康服务与管理方面的教学、社会服务、科学研究的基本能力。

二是从实际出发将理论知识与实践活动相结合。能够利用严谨的科研思维，开展健康管理相关科学研究工作，能够利用临床医学、预防医学、中医学、管理学等学科的理论、方法和技术，指导健康服务与健康管理的实践过程，做到理论知识与实践技能的正确结合。

三是积极思考、培育创新意识。健康服务与管理专业的目的是培育具备实践技能的健康服务与管理从业者，在学习过程中树立问题意识、积极思考，并与实践活动相结合，通过课程的系统学习，在实践过程中去探索答案，培育自己的创新意识，增强运用知识解决问题的方法和能力，不断提高自身的创新能力和社会适应力。

第四节 健康管理师与职业发展

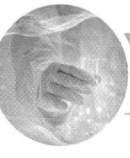

健康管理跨越基础医学、心理学、中医学、运动学、康复学、营养学及慢病管理等多种学科，健康管理师是集营养师、心理咨询师、预防医学医生、健康教育师、医学信息管理人员等的综合体，是健康服务与健康产业最紧缺的复合型人才。中华人民共和国人力资源和社会保障部和中华人民共和国国家卫生健康委员会制定的《健康管理师国家职业技能标准》中指出，健康管理师是从事个体或群体健康状况监测、分析、评估，以及健康咨询指导和健康危险因素干预等工作的人员，共设三个等级，分别为健康管理师三级、二级、一级。健康管理师的具体申报条件、鉴定方式、职业道德、基础知识及技能的要求如下。

一、申报条件

（1）三级健康管理师（具备以下条件之一者）。① 具有医药卫生专业大学专科以上学历证书。② 具有非医药卫生专业大学专科以上学历证书，连续从事本职业或相关职业工作2年以上，经三级健康管理师正规培训达规定标准学时数（不少于180标准学时），并取得结业证书。③具有医药卫生专业中等专科以上学历证书，连续从事本职业或相关职业工作3年以上，经三级健康管理师正规培训达规定标准学时数（不少于180标准学时），并取得结业证书。

（2）二级健康管理师（具备以下条件之一者）。① 取得三级健康管理师职业资格证书后，连续从事本职业工作 5 年以上。② 取得三级健康管理师职业资格证书后，连续从事本职业工作 4 年以上，经二级健康管理师正规培训达规定标准学时数（不少于 130 标准学时），并取得结业证书。③ 具有医药卫生专业本科学历证书，取得三级健康管理师职业资格证书后，连续从事本职业工作 4 年以上。④ 具有医药卫生专业本科学历证书，取得三级健康管理师职业资格证书后，连续从事本职业工作 3 年以上，经二级健康管理师正规培训达规定标准学时数（不少于 130 标准学时），并取得结业证书。⑤ 取得医药卫生专业中级及以上专业技术职务任职资格后，经二级健康管理师正规培训达规定标准学时数（不少于 130 标准学时），并取得结业证书。⑥ 具有医药卫生专业研究生及以上学历证书，连续从事本职业或相关职业工作 2 年以上。

（3）一级健康管理师（具备以下条件之一者）。① 取得二级健康管理师职业资格证书后，连续从事本职业工作 4 年以上。② 取得二级健康管理师职业资格证书后，连从事本职业工作 3 年以上，经一级健康管理师正规培训达规定标准学时数（不少于 110 标准学时），并取得结业证书。③ 具有医药卫生专业大学本科学历证书，连续从事本职业或相关职业工作 13 年以上。④ 取得医药卫生专业副高级及以上专业技术职务任职资格后，经一级健康管理师正规培训达规定标准学时数（不少于 110 标准学时），并取得结业证书。⑤ 具有医药卫生专业硕士、博士研究生学历证书，连续从事本职业或相关职业工作 10 年以上。

二、鉴定方式

分为理论知识考试和专业能力考核。目前三级健康管理师考试理论知识考试和专业能力考核采用上机操作方式，题型均为选择题，基础知识考试为单选题和多选题，共 100 道题，专业能力考核为单选和不定项选择题，共 100 道题。理论知识考试和专业能力考核均实行百分制，成绩皆达 60 分及以上者为合格。二级健康管理师和一级健康管理师还须进行综合评审。

三、基础知识

健康管理基础知识包括健康管理的定义、科学基础及国外发展现状、健康管理的服务内容和基本流程、健康管理的基本策略、健康风险评估理论与应用。基础医学知识包括人体系统、器官与组织的结构和生理功能、生物化学的基本概念、人体主要病理改变及其特点、药物的原理与临床常用药物分类与适应证。病原微生物的分类、特点及所致主要疾病。临床医学基础知识包括内外科主要系统疾病的诊断、治疗和预防要点，妇幼保健的重点问题及预防要点，主要慢性病的流行现状、危险因素、诊断、主要干预、治疗与康复措施，全科医学理论基础以及全科医学中的预防保健服务、常见健康问题的全科医学应对策略。中医学基础知识、中医学理论体系的基本特点与诊疗原理、中药基本知识、针灸推拿基本知识、中医养生学的基本概念与方法、常见中医临床养生应用。预防医学基础知识包括预防医学基本概念与健康影响因素，健康教育和健康促进学基础知识，流行病学和生物统计学基础知识，营养、膳食与食品安全基础知识，身体活动与健康基础知识，职业健康和环境健康基础知识。其他相关知识包括心理学的基本概念，评估原则，常见心理问题及咨询干预方法，医学信息学与智慧健康基础知识，医学伦理学基础知识，国家基本公共卫生服务规范，健康服务市场与营销学相关知识，健康保险的定义和分类及其在健康管理中的应用，管理学的基本原理、方法及其在健康管理中的应用，健康相关产品的分类、原理及应用知识。相关的法律、法规知识包括《中华人民共和国劳动法》《中华人民共和国执业医师法》《中华人民共和国食品安全法》《中华人民共和国传染病防治法》《医疗机构管理条例》等卫生法律、法规相关知识。

四、技能要求和知识要求

根据《健康管理师国家职业标准》，健康管理师一级的技能要求和知识要求如表1-1，健康管理师二级、三级的技能要求和知识要求详见《健康管理师国家职业技能标准》。一级健康管理师的技能要求和相关知识要求最高，高级别涵盖低级别的要求。

表1-1 健康管理师一级的技能要求和知识要求

职业功能	工作内容	技能要求	相关知识要求
健康监测	信息分析与使用	1. 能够分析和确定个体的健康需求； 2. 能够分析和量化群体的健康需求； 3. 能够分析健康检查结果； 4. 能够分析个体或群体健康或疾病发展趋势，提出干预方案	1. 健康需求分析和评估方法； 2. 健康信息数据库的设计与管理方法； 3. 健康信息的比较与分析方法
	监测方案制订与实施	1. 能够指导群体监测方案的制订； 2. 能够监督方案的实施； 3. 能够组织和指导方案实施的质量控制； 4. 能够评估监测方案，提出修订意见	1. 健康管理中使用的循证医学原则； 2. 流行病学与统计学基础知识； 3. 健康筛查知识； 4. 群体健康监测指标优选的方法和路径
健康风险评估和分析	群体风险评估	1. 能够根据健康危险因素确定不同群体的风险程度； 2. 能够分析群体健康风险趋势、提出评估报告	1. 健康管理群体分类原则； 2. 群体健康风险评估方法
	群体风险管理	1. 能够确定群体健康风险管理重点； 2. 能够制订群体健康风险管理方法； 3. 能够制订群体健康风险管理质量控制原则	1. 健康风险预测技术； 2. 健康风险控制策略

续表

职业功能	工作内容	技能要求	相关知识要求
健康指导	健康教育	1. 能够审核健康教育计划； 2. 能够编写制作健康教育宣教资料和工具； 3. 能够评估个体或群体健康教育效果	1. 健康教育的理论与方法； 2. 健康教育计划审核的原则和方法； 3. 健康教育计划的评价； 4. 健康教育材料、工具选用的评估方法
	健康促进	1. 能够制订健康促进计划； 2. 能够落实健康促进计划； 3. 能够评估健康促进计划	健康促进的原则和方法
健康危险因素干预	审定干预计划	能够评估和修订健康危险因素干预计划	健康危险因素干预计划制订的原则和方法
	监督与评估	1. 能够对健康危险因素干预计划的实施情况进行监督； 2. 能够制订健康危险因素干预计划的评估方案； 3. 能够根据评估结果提出改进建议； 4. 能够开展健康干预计划的经济学评价	1. 健康危险因素干预计划的监督原则； 2. 健康危险因素干预计划的监督方法； 3. 健康危险因素干预计划的评价方法
指导、培训与研究	理论培训	1. 能够对二级、三级健康管理师开展理论培训； 2. 能够编写健康管理师培训讲义	1. 培训授课的技巧； 2. 培训讲义的编写方法
	实践指导	1. 能够编写实践指导教案； 2. 能够编写实践指导手册	1. 实践指导教案的编写方法； 2. 实践指导手册的编写方法
	专业研究	1. 能够进行文献检索和综述； 2. 能够实施健康管理研究并撰写论文	1. 科学文献检索和综述方法； 2. 科研设计、研究与论文撰写方法

五、职业规划与发展

职业规划与发展是人才培养的一项有效手段，它是对未来职业生涯如何发展的大致规划。专业人才培养要以职业规划与发展为主线。大学生的职业规划就是在自我认知的基础上，根据所学的健康服务与管理的专业特长、知识结构，结合社会环境和职业发展情况，确立职业方向、职业目标及为达到目标做出具体的规划。具备丰富的职场经验和接受过系统的职业辅导训练的教师，应积极引导大学生做好自己的职业规划，职业规划的有无及好坏直接影响到大学期间的学习生活质量，更直接影响到求职就业，甚至未来职业的成败。大学阶段是为未来的就业和事业发展做准备的时期，职业规划应该是一个长期的过程，大学生应及早着手进行职业规划，应该从上大学的第一天起就做思想准备。

随着国家"健康中国2030"规划纲要的实施与推进，健康产业领域快速发展，健康服务与管理专业人才具备的特色和优势更加明显，大学生职业发展的选择机会越来越多。在大学期间，大学生一定要做好适合自己的职业发展规划，增强职业规划意识，充分认识自己的优势和劣势，树立明确的职业发展目标与职业理想，从而合理利用大学期间的学习时间和学习资源，促进职业生涯顺利发展。从认识自我、职业认知、职业定位、职业目标与方案等环节认真做好大学生自己的职业发展规划。

电子资源—练习题

第一章 练习题

第二章 健康服务与管理相关政策与法律

健康服务与管理导论

 学习目标

1. 掌握：健康政策制定的基本步骤；我国健康管理与服务主要政策和法律法规。
2. 熟悉：基本医疗保障制度的模式及分类。
3. 了解：我国医生多点执业相关规定。

第一节  健康服务与管理相关政策

一、政策与健康政策

政策是指为达到一定目的，各种组织在特定时期用以规范或指导人们行动的一系列法律、法规、规章、规划、决定、意见等的总称。政策由主体、客体、内容、形式和价值五个必不可少的基本要素构成。政策主体是指参与或影响政策的制定执行过程的人或者组织，在政策运行过程中起主导作用，主要解决"谁来制定、实施、监督和评估政策"的问题；政策客体包括社会问题的事和目标人群的人两种类型；政策内容包括政策目标、原则、适用范围、方法、评价等政策内部系统要素；政策形式是指政策内部各种要素的总和及不同表现方式的综合，如法律法规、规章制度、规划方案、决策意见等；政策价值分为正价值、零价值和负价值，是指政策的效果。

健康政策（health policy）是人民群众健康利益的体现。WHO认为，健康政策是各种社会机构或政府针对人们的健康需求、可用的健康资源及其他社会健康压力而发表的正式声明或制订的程序，用以规定行动的轻重缓急和行动参数。广义的健康政策不仅包括针对医疗、保健中出现的实际问题作为解决对象的政策，还包括以健康的社会决定因素、健康公平、健康的社会环境特征为关注点的政策；狭义的健康政策指为了改善本国国民的健康所制定的卫生服务政策，主要涉及公共卫生或医疗服务方面，可以说，狭义的健康政策就是卫生相关政策。

二、我国健康政策的发展历程

中国健康政策发展历程经历以下四阶段。第一阶段是1949—1986年，我国建立了大卫生理念健康政策。卫生工作的目标是使所有人都能逐渐地脱离开不安全不清洁的生活环境和生活状态，减少疾病发生和流行。这一政策契合当时的社会现状，成为WHO高度认可和推荐的初级卫生保健典范。第二阶段是1986—2009年，卫生政策从属于经济改革，卫生工作的目标逐渐模糊，卫生事业在经济社会发展中的地位有所下降，政府卫生投入比例大幅减少，卫生服务逐步转向为以市场化为主导。第三阶段是2009—2016年，以2009年我国"新医改"为标志，卫生政策成为构建社会主义和谐社会的组成部分，保障民生的重要内容。第四阶段是2016年至今，以发布《"健康中国2030"规划纲要》为标志。我国首次在国家层面把"健康中国"上升为国家战略，明确提出"坚持中国特色卫生与健康发展道路""健康优先"战略。

三、健康政策制定的基本步骤

健康政策的制定由七个逻辑相连的基本步骤组成：① 政策问题确认，确认特定领域或范围内的焦点问题和关键问题，促使关键问题成为政策问题。② 政策问题根源分析，针对特定的政策问题，研究问题的根源和影响因素，并明确问题—危害—影响因素—根源间的关系。③ 政策方案制定，分析推导解决政策问题的政策思路，明确政策目标，设计出一系列政策方案的过程。④ 可行性论证，论证和评价特定政策方案的政治、经济、技术，以及社会文化的可行性，比较分析方案的潜在效果、必要性和合理性，择优选择和推荐现实中的最优方案。⑤ 政策执行，将观念形态的政策方案转化为现实形态政策的过程，将政策目标按照政策方案所规定的程度和范围实现。⑥政策评价，按照一定的价值标准，由具备专业资质的评价者作为主体，运用公认的科学研究方法，对政策结果、政策的发展变化，以及构成其发展变化的诸种因素等进行价值判断的过程，并以此作为确定政策去向的依据。⑦ 政策去向确定，政策去向即依据政策评价结果确定政策的可能归宿。

四、健康服务与管理政策

健康服务与管理产业是新型医疗模式中的朝阳产业，为了支持和规范健康服务产业的快速发展，全国性和地方性的健康服务与管理政策陆续出台。如《中共中央 国务院关于卫生改革与发展的决定》（中发〔1997〕3 号）、《中共中央 国务院关于深化医药卫生体制改革的意见》（中发〔2009〕6 号）、《国家健康医疗大数据标准、安全和服务管理办法（试行）》（国卫规划发〔2018〕23 号），对促进人人享有基本医疗卫生服务的目标，从而满足人民不断增长的健康服务需求，具有重要意义。同时，为坚定不移地深化医药卫生体制改革，坚持把基本医疗卫生制度作为公共产品向全民提供的核心理念，按照保基本、强基层、建机制的基本原则，加快健全全民医保体系，巩固完善基本药物制度和基层运行新机制，积极推进公立医院改革，统筹推进基本公共卫生服务均等化等相关领域改革，国务院从 2013 年起相继发布了《关于促进健康服务业发展的若干意见》（国发〔2013〕40 号）、《国务院关于加快发展养老服务业的若干意见》（国发〔2013〕35 号）、《国务院关于实施健康中国行动的意见》（国发〔2019〕13 号）等。我国自 2020 年 6 月 1 日起实施《中华人民共和国基本医疗卫生与健康促进法》，由此，各地政府纷纷制定了配套政策，如《深圳市生命健康产业发展规划（2013—2020）》《成都市健康产业发展规划（2010—2017）》《关于推进北京国际医疗服务区试点工作的若干意见》等。

按照发达国家对健康产业的分类：健康产业包括制药与药品、医疗仪器与设备以及健康服务（health services）三大部分。根据我国健康产业发展规划分类，健康服务业主要包括医疗服务、健康管理与促进、健康保险以及相关服务三个方面，涉及药品、医疗器械、保健用品、保健食品、健身产品等支撑产业，覆盖面广，产业链长，涉的相关政策非常多。其中对健康服务和管理影响比较大的政策主要有：医生多点执业相关规定、城镇职工基本医疗保险、城镇居民基本医疗保险、新型农村合作医疗等。

五、医生多点执业相关规定

医师多点执业是指符合条件的执业医师经卫生行政部门注册后，受聘在两个及以上医疗机构执业的行为。医师多点执业对于缓解我国医疗人力资源的分布不平衡、调动医务人员工作积极性以及加强基层卫生人才队伍建设等具有重要意义。

1999年7月实施的《医师执业注册暂行办法》第二十五条提出："医师执业地点在两个以上的管理规定另行制定。"2009年4月，《中共中央　国务院关于深化医药卫生体制改革的意见》（中发〔2009〕6号）提出："稳步推动医务人员的合理流动，促进不同医疗机构之间人才纵向和横向交流，研究探索注册医师多点执业。"2009年9月，《卫生部关于医师多点执业有关问题的通知》（卫医政发〔2009〕86号）规定："医师原则上应当在同一省、自治区、直辖市内执业，地点不超过3个。"2010年12月，《医师多点执业管理暂行办法（征求意见稿）》对医师执业地点、执业监管及执业"协议书"具体内容等做出规范。

为促进优质医疗资源平稳有序流动和科学配置，更好地为人民群众提供医疗卫生服务，2014年11月5日，国家卫生计生委、国家发展改革委、人力资源社会保障部、国家中医药管理局、中国保监会制定了《关于印发推进和规范医师多点执业的若干意见的通知》（国卫医发〔2014〕86号），就推进和规范医师多点执业提出以下意见。

（1）推进医师合理流动。加快转变政府职能，放宽条件、简化程序、优化医师多点执业政策环境。发挥政策导向作用，鼓励医师到基层、边远地区、医疗资源稀缺地区和其他有需求的医疗机构多点执业。

（2）规范医师多点执业。坚持放管结合，制定完善医师多点执业管理政策，明确相关各方权利义务，促进医师多点执业有序规范开展，逐步建立符合国情的医师执业和管理制度，维护正常工作秩序。

（3）确保医疗质量安全。强化卫生计生行政部门和医疗机构对医师多点执业的监督管理，严格医师岗位管理，加强行业自律和社会监督，确保医疗服务的安全性、有效性和连续性。

第二节　健康服务与管理相关法律法规

身心健康是公民生存和进行正常民事活动的前提条件，也是公民作为民事主体所应享有的基本权利。健康权是公民依法享有的身体健康不受非法侵害的权利。身体健康是公民参加社会活动和从事民事活动的重要保证。许多国家都在宪法中对健康权进行确认并采取有效的措施加以保障。我国宪法中虽未明确提出公民"健康权"的概念，但宪法许多条文从国家责任角度对健康保护做了规定。以宪法作为基础，我国现行的各部门法对公民的健康权保护初步形成了一个较为完善的法律保障体系。

一、健康管理相关的人格权

自然人的人格权（personal right）是指民事主体所固有的由法律直接赋予民事主体所享有的各种人身权利。《中华人民共和国宪法》第三十八条规定："中华人民共和国公民的人格尊严不受侵犯。"同时，《中华人民共和国民法典》第一百零九条规定："自然人的人身自由、人格尊严受法律保护。"《中华人民共和国民法典》第一百一十条则根据《中华人民共和国宪法》进一步扩大了人格权的范围，具体人格权指民事主体依法对其全部人格享有的总括性权利，明确规定自然人享有生命权、身体权、健康权、姓名权、肖像权、名誉权、荣誉权、隐私权、婚姻自主权等权利。在这些权利之中，与健康管理相关的人格权主要包括身体权、生命权、健康权、隐私权等。

（1）身体权。身体权是指自然人保持其身体组织完整并支配其肢体、器官和其他身体组织并保护自己的身体不受他人违法侵犯的权利，是生命的载体。身体权所保护的是身体组织的完整及自然人对身体组织的支配。身体权定义的内容包括：首先，保持身体组织的完整；其次，支配身体组织，包括肢体、器官、血液等；最后，损害赔偿请求权，对于侵害公民身体造成损害的，应依照我国法律负有赔偿责任。

（2）生命权。生命权是公民依法享有的生命不受侵害的权利。生命是公民作为权利主体而存在的物质前提，生命权一旦被剥夺，其他权利就无从谈起。所以，生命权是公民最根本的人身权利。保护公民的生命权不受非法侵害，是我国法律的首要任务。《中华人民共和国民法典》第一千零二条规定公民享有生命权。生命权与身体权、健康权密切相关，侵害自然人的身体往往导致对自然人健康的损害。但是生命权以保护自然人生命的延续为内容，身体权所保护的是身体组织的完整及对身体组织的支配。

（3）健康权。健康权是公民依法享有的身体健康不受非法侵害的权利。身体健康是公民参加社会活动和从事民事活动的重要保证。保护公民的健康权，就是保障公民身体的机能和器官不受非法侵害。1946年，世界卫生组织将健康定义为："健康是完全的身体、心理和社会适应上的完好状态，而不仅仅是没有疾病或者虚弱。"同时将健康进一步阐释为："享受最高可能达到的健康水准是每个人的最基本的权利，不分种族、宗教、政治信仰、经济或社会条件。"健康权主要表现为健康保持权。

（4）隐私权。隐私权是指享有私人生活隐私的个人权利以及受自然人保护的私人信息的秘密，并且不受他人非法侵犯、知晓、收集、利用和披露的权利。《中华人民共和国侵权责任法》（已于2021年1月1日废止）第六十二条首次明确规定保护患者隐私权，《中华人民共和国民法典》第一千零二十六条规定医疗机构及其医务人员应当对患者的隐私和个人信息保密。特别强调对患者病历资料的保护，泄露患者隐私和个人信息，或者未经患者同意公开其病历资料的，应当承担侵权责任。

二、健康服务与管理有关法律

健康服务业作为一个庞大的产业，涉及各种所有制经济，既有公立医院、国有保险公司等公有制形式，也有中医医疗保健、健康养老以及健康体检为代表的集体所有制经济，同时还有营利性医疗机构、咨询管理、体质测定、体育健身、医疗保健旅游等个体所有制经济。健康服务与管理涉及药品、医疗器械、保健用品、保健食品、健身产品等支撑产业，覆盖面广，产业链长，目前尚未有专门的法律进行规范，但具体到某些领域，则有专门的法律，主要包括：《中华人民共和国食品安全法》《中华人民共和国药品管理法》《中华人民共和国国境卫生检疫法》《中华人民共和国传染病防治法》《中华人民共和国职业病防治法》《中华人民共和国母婴保健法》《中华人民共和国执业医师法》等。

（1）食品安全法律制度。《中华人民共和国食品安全法》（简称《食品安全法》），第十章附则第一百五十条规定："食品安全，指食品无毒、无害，符合应当有的营养要求，对人体健康不造成任何急性、亚急性或者慢性危害。"《食品安全法》标志着我国食品在全程监管、风险评估监测、食品生产经营、食品安全管理、食品安全标准制定以及食品召回制等方面吸取了西方发达国家的成功立法经验，建立严格的食品安全监督和管理的法律制度。

（2）药品管理法律制度。药品是指用于预防、治疗、诊断人的疾病，有目的地调节人的生理机能并规定有适应证或者功能主治、用法和用量的物质，包括中药、化学药和生物制品等。药品和一般商品不同，有其特殊性，体现在：药品可以预防和治疗疾病、康复保健，但又有不同程度的毒副作用。药品质量关系到人民群众的生命安全和身心健康，也关系到药品生产和经营者的切身利益。药品生产者和经营者一定要保证药品的质量安全有效，并且要价格合理，更要建立药品质量管理体系来保障药品质量；药品监管者也要履行自身职责，加强药品监管，严厉打击制售假冒伪劣药品的行为；使用者也要按照药品说明书储存环境存放，需要注意用药安全。为了保证药品优质、安全和有效，必须对药品采取比其他商品更为严格的监督管理措施。药品管理法（pharmaceutical administration law）就是用于药品监督管理，确保药品质量，增进药品疗效，保障用药安全，维持人体健康活动中产生的各种社会关系的法律规范的总和，是国家管理药品事业的依据和行为准则。

药品管理法主要包括：药品生产与经营管理法律制度，医疗单位制剂管理的法律制度，药品包装、商标和广告管理的法律制度，药品价格管理的法律制度，药品标准法律规定，新药管理的法律规定，药品审评、不良反应监测和淘汰的法律制度；进出口药品管理法律制度包括进口药品注册审批制度和出口药品许可制度；特殊药品管理的法律制度包括针对麻醉药品、精神药品、毒性药品、放射性药品分别实行的特殊管理制度，处方药与非处方药管理的法律制度，国家基本药物管理制度，中央地方医药储备的法律制度，中药管理的法律制度，药品监督管理法律制度。

（3）突发性公共卫生事件处理法律制度。突发性公共卫生事件，是指突然发生，造成或者可能造成社会公众健康严重损害的重大传染疫情、群体性不明原因疾病、重大食物和职业中毒以及其他严重影响公众健康的事件。我国制定并颁布了《突发公共卫生事件应急条例》《传染性非典型肺炎管理办法》和《突发公共卫生事件与传染病疫情监测信息报告管理办法》等，这些条例和办法在控制 SARS 危机方面发挥了重要的作用，同时也为新冠肺炎的防治做出了前瞻性指导作用。

（4）公共卫生监督法律制度。为了促进人民健康和提高生命质量，国家制定了公共卫生监督法律制度，旨在创造良好的公共场所卫生条件、预防疾病、保障人体健康。包括公共场所卫生、生活饮用水卫生、食品卫生、学校卫生、劳动卫生、职业病卫生、放射卫生、保健品卫生、国境卫生检疫、特殊人群卫生保健、传染病管理和突发公共卫生事件等内容。1987 年，国家颁布了《公共场所卫生管理条例》。2011 年，原卫生部审议通过《公共场所卫生管理条例实施细则》。这些卫生法规是目前公共场所卫生监督的主要法规。

（5）传染病防治法律制度。传染病防治法是指由国家制定或其主管部门颁布的，由国家强制力保证实施的，用于预防、控制和消除传染病的发生与流行，保障人体健康和公共卫生的法律。广义的传染病防治法包括《中华人民共和国传染病防治法》《中华人民共和国水污染防治法》《中华人民共和国食品安全法》《中华人民共和国传染病防治法实施办法》《艾滋病监测管理的若干规定》《预防接种工作规范》《中华人民共和国献血法》《中华人民共和国母婴保健法》《血液制品管理条例》，以及 2020 年 10 月 2 日，国家卫健委发布《中华人民共和国传染病防治法》修订征求意见稿，明确提出甲乙丙三类传染病的特征。此次草案提出，任何单位和个人发现传染病患者或者疑似传染病患者时，应当及时向附近的疾病预防控制机构或者医疗机构报告，可按照国家有关规定予以奖励；对经确认排除传染病疫情的，不予追究相关单位和个人责任。

（6）职业病防治法律制度。职业病是用人单位的劳动者在职业活动中，因接触粉尘、放射性物质和其他有毒、有害因素而引起的疾病。职业病防治法则是调整预防、控制和消除职业危害、防治职业病、保护劳动者健康、促进经济发展活动中所产生的各种社会关系的法律规范的总称。《中华人民共和国职业病防治法》于 2001 年颁布，于 2011 年修订。原卫生部、劳动和社会保障部于 2002 年印发了《职业病目录》，目录将法定职业病调整为 10 大类、共计 115 种职业病；2013 年，原国家卫生和计划生育委员会、安全监管总局、人力资源和社会保障部和全国总工会联合印发《职业病分类和目录》，再次将职业病调整为 132 种。

第二章 拓展材料

我国职业病防治工作坚持预防为主、防治结合的方针，实行分类管理、综合治理。预防为主是指要把预防职业病的发生作为根本目的和首要措施，控制各类职业病危害源头。防治结合是指既要预防职业病危害的产生，又要在职业病危害产生后，尽可能降低职业病危害的后果和损失。分类管理是指根据不同的职业病危害的致病性质、严重程度等，采取不同的管理措施。综合治理是指在职业病防治活动中采取一切有效的管理和技术措施，包括立法、行政、经济、科技、民主管理和社会监督等。

（7）环境保护法律制度。随着我国经济的腾飞和人口的快速增长，环境污染也愈发严重，环境污染与人群健康需要的矛盾日渐凸显。《中华人民共和国宪法》第二十六条第一款明确规定："国家保护和改善生活环境和生态环境，防治污染和其他公害。"20世纪80年代，有关水污染防治、大气污染防治、海洋环保等法律相继问世。截至2012年年底，我国环境保护法律制度框架已经基本形成。全国人大常委会制定了环境保护相关法律，国务院颁布环保相关行政法规，地方人大和政府制定了地方性环保法规和规章数百件。我国还制定了千余项环境标准。《中华人民共和国刑法》专门规定了破坏环境资源保护罪，《中华人民共和国民法典》专章规定了环境污染和生态破坏责任，最高人民法院和最高人民检察院分别制定了有关惩治环境犯罪的司法解释。

三、医疗机构管理法律制度

医疗机构是指依法定程序设立的从事疾病诊断、治疗活动的卫生机构的总称，是依据《医疗机构管理条例》和《医疗机构管理条例实施细则》的规定，取得《医疗机构执业许可证》的机构，包括医院、卫生院、疗养院、门诊部诊所、卫生所（室）以及急救站、学校医务室和药店、眼镜店等其他基层医疗机构。

医疗机构管理法律制度的基本原则包括：依法设置医疗机构原则；设置医疗机构必须依法设置、依法登记、依法审批；非依法设立的医疗机构不受国家法律保护，依法执业原则；医疗机构必须按照核准登记的诊疗科目开展对应的诊疗业务、管理药品、施行手术等；监管部门须认真监督，卫生行政部门应当对辖区内医疗机构进行定期检查指导、评估和综合评价。

我国自2000年开始对医疗机构实施分类管理，以促进医疗机构之间公平、有序的竞争。2009年，《中共中央　国务院关于深化医药卫生体制改革的意见》，明确鼓励和引导社会资本从事和发展医疗卫生事业，积极促进非公立医疗卫生机构发展形成投资主体多元化、投资方式多样化的办医体制。为落实中共中央国务院的要求，国家发展和改革委员会、原卫生部等五部委联合制定了《关于进一步鼓励和引导社会资本举办医疗机构的意见》，意见鼓励和引导社会资本举办医疗机构，有利于增加医疗卫生资源，扩大服务供给，满足人民群众多层次、多元化的医疗服务需求。

第三节 基本医疗保障制度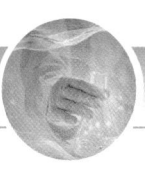

医疗卫生问题包括两个方面：一是谁来提供医疗服务，是医药卫生事业问题；二是谁来支付医疗费用，是医疗保障问题。基本医疗保障制度也叫基本医疗保险制度，是由用人单位和职工共同参加的一种社会保险。它按照财政、用人单位和职工的承受能力来确定职工的基本医疗保障水平，具有广泛性、共济性、强制性的特点。基本医疗保障制度既是社会保障体系的重要组成部分，即民众的安全网、社会的稳定器；又作为医疗费用的主要支付方，是医药卫生体系的重要组成部分，因而也是医改的重要领域之一。

一、医疗保障制度的目标

医疗保障的主要目标是合理组织财政资源，满足与经济发展水平相适应的医疗资金需求，简言之，就是"有钱看病"，这是公认的"世界难题"。其主要特点和难点：一是涉及系统多，包括个人、组织、政府、社会，相互之间关系错综复杂；二是必须通过购买医疗服务才能实现保障功能，与养老保险等其他社会保险相比，增加了购买医疗服务的环节，管理服务的难度和复杂程度明显增加；三是供求关系难以测定，医学技术的发展无止境，人民对生命和健康的期望无止境，而资金的筹集有限，特别是随着老龄化进展，供求矛盾将更加突出。

二、医疗保障制度的意义

医疗保障与医药卫生事业直接相关、相互影响、密不可分。医疗保障功能必须通过购买医疗服务来实现；同时，医疗保障购买服务的过程中，也将对医药卫生事业的发展起到促进作用。一方面，医疗保障体系的不断健全，将为国民健康提供稳定资金来源，这些资金最终全部通过购买服务的方式转化为医疗卫生机构的收入，为医疗卫生事业发展提供稳定的资金来源；另一方面，医疗保障机构作为全体参保人员利益代表，在购买医疗服务的过程中，将发挥对医疗机构的监督、制约、引导作用，有利于形成外部制衡机制，规范医疗服务行为，促进医药卫生体制改革和医疗机构加强管理。

研究表明，医疗保障制度是影响卫生服务与利用的一个重要因素。享受不同程度的医疗费用减免者在所利用的医疗机构级别及其利用量方面存在明显的不同。医保者利用较高级别医疗卫生服务机构的比例、就诊率、住院率、住院天数以及医疗费用均高于自费医疗者。而且医保者能够获得定期的免费健康检查或疾病普查的机会，有助于及时发现潜在的不良健康问题，从而认识到潜在的卫生服务需要。

三、我国的基本医疗保障制度

自1978年以来，我国的基本医疗保障制度的改革与发展经历了三个阶段，1978—1992年是第一发展阶段，主要是传统医疗保障制度的转型探索，尝试引入需方费用分担机制。1992—2009年是第二发展阶段，主要是新的基本医疗保险制度探索和框架构建，尝试恢复和重建传统合作医疗，建立新型农村合作医疗。2009年至今是第三发展阶段，主要是全民医疗保险制度的发展和完善，从政策覆盖走向全民医保制度。我国目前主要的医疗保障制度有城镇职工基本医疗保险制度、城乡居民基本医疗保险制度、大病保险制度、社会医疗救助制度等。我国基本医疗保障制度概况见表2-1。

表2-1 我国基本医疗保障制度概况

医疗保障模式	基本内容
城镇职工基本医疗保险	① 对象和范围：城镇所有用人单位职工； ② 筹资机制和标准：用人单位和职工共同筹集； ③ 支付机制：统筹基金和个人账户基金
城乡居民基本医疗保险	① 对象和范围：除城镇职工基本医疗保险应参保人员以外，其他所有城乡居民； ② 筹资机制和标准：财政补助收入人均420元，个人缴费人均不低于150元； ③ 支付机制：统筹管理，不设个人账户
大病保险	① 筹资来源：从城镇居民医保基金和新农合基金中划出一定比例； ② 范围和对象：城镇居民医保和新农合参保的参保人员； ③ 保障水平：实际支付比例不低于50%，按照医疗费用高低分段制定支付比例； ④ 承办方式：商业机构购买
社会医疗救助	① 救助范围：城乡低保家庭成员、五保户和经济困难家庭成员； ② 救助方式：资助参与城乡居民医疗保险，并对难以承担基本医疗自付给予补助； ③ 补助方案：各地根据医疗救助金总量制定方案

电子资源—练习题

第二章 练习题

健康服务与管理导论

第三章

健康服务与管理的医学理论基础

 学习目标

1. 掌握：临床医学基础知识；预防医学概念，三级预防策略，中医"治未病"的基本思想，体质的概念，中医养生的概念；循证医学的基本概念和步骤。

2. 熟悉：临床医学主要诊断技术与治疗方法，人体各系统概述；临床预防服务概念，9 种常见体质类型特征；循证医学在健康管理中的运用。

3. 了解：基础医学研究内容；社区公共卫生服务内容，治未病是中医特色的健康管理；循证医学建立基础。

第三章 健康服务与管理的医学理论基础

第一节 基础医学与临床医学

现代医学，通常根据其研究内容、服务对象和服务方式，分为基础医学、预防医学和临床医学。临床医学是研究疾病的病因、诊断、治疗和预后，直接面对患者实施诊断和治疗的一组医学学科，如诊断学、内科学、外科学、妇产科学、儿科学等都属于临床医学。

一、基础医学的研究内容

基础医学是研究人体的正常形态结构与功能活动规律以及疾病状态下的生理功能变化及其机制的一门科学。它是临床医学和预防医学的理论基础。其主要课程有：人体解剖学、组织胚胎学、分子生物学、生理学、生物化学、病原生物学、医学免疫学、病理学与病理生理学、药理学等。

基础医学的上述各学科虽然都有其具体的研究任务，但它们都是以研究人体为中心，只是研究方法和手段、观察认识侧重点不同。同时，由于生命现象的复杂性，需要从不同层面提出问题，进行研究。

（1）研究人体的正常形态结构。基础医学分别从不同角度、不同的水平研究细胞、组织、器官、系统以及人体整体的形态结构，例如，人体解剖学研究人体各器官系统的正常形态结构，而组织学则从微观水平阐明机体的细微结构和相关的功能。学习医学科学必须首先掌握人体各器官系统的正常形态结构，才能正确理解人体的生理功能和病理变化。

（2）研究人体的功能活动及其机制。机体在正常形态结构的基础上所进行的各种功能活动是基础医学研究的重点内容。不仅在组织、器官、系统水平研究各人体器官系统功能活动的规律，还要深入细胞、亚细胞结构和分子水平，探讨生命活动的本质和规律。

（3）研究人体病理变化及其机制。通过研究疾病发生的一般规律与机制，研究患病机体的功能改变、代谢变化及其机制，从而探讨疾病的本质，为临床医学实践提供理论根据。

（4）研究导致人类疾病的病原生物及其致病机制。通过研究与人体健康有关的病原生物的形态结构、生活活动、生殖繁殖规律，阐明病原生物与人体和外界环境因素相互关系。

由于不同水平的研究有不同的科学规律，所以要全面阐明某一生理功能的机制必须从分子和细胞、器官和系统以及整体水平进行综合研究。在应用相关知识时，不能把不同的规律简单地套用，完整机体的生理功能不等于局部生理功能在量上的相加，而是有其本身复杂的内在联系。

二、人体的形态与功能

（一）人体是局部与整体、结构与功能的统一

人体是一个完整的机体。虽然人体由许多各自执行不同功能的器官系统所构成，并可分为若干个局部，但是任何器官系统都是有机体不可分割的组成部分，不可能离开整体而独立生存。局部可以影响整体，整体也可以影响局部。

人体的各个器官都有固有的功能活动特点，如"眼司视，耳司听"等。形态结构是一个器官功能活动的物质基础；反之，功能的变化又能影响该器官形态、结构的发展。因此，形态与功能是相互依存又相互影响的。一个器官的成型，除在胚胎发生过程中有其内在的因素外，还受出生后周围环境和功能条件的影响。认识和理解形态与功能相互制约的规律，人们可以在生理限度范围内，有意识地改变功能条件或增强功能活动（例如，加强锻炼可使肌肉发达等），从而促进组织和器官的发展，达到增强体质、促进健康的目的。

（二）人体的组织、器官、系统与分部

人体是由无数微小的细胞有机组合构成的。因此，细胞是构成人体形态结构和执行各种功能的基本单位，是一切生物进行新陈代谢、生长发育和繁殖分化的形态基础。形态相似和功能相关的细胞借助细胞间质结合起来构成的结构称为组织。构成人体的基本组织有4种：上皮组织、结缔组织、肌组织和神经组织。几种组织结合起来，共同执行某一特定功能，并具有一定的形态特点，即构成器官，如心、肺、肝、肾等。若干个功能相关的器官联合起来，共同完成某一特定的连续性生理功能，即形成系统，如口腔、咽、食管、胃、小肠、大肠和消化腺等构成消化系统。食物经口裂进入人体，最终经肛门排出粪便；食物经受了物理性和化学性的消化过程，消化后的营养物质被吸收，食物残渣被排出，这就是消化系统所执行的功能。人体共由九大系统所组成，即运动系统、消化系统、呼吸系统、泌尿系统、生殖系统、内分泌系统、脉管系统、神经系统和感觉器。

虽然人体是由许多器官系统构成的，然而它们却共同组成一个完整统一的整体。各系统之间相互联系、相互影响、相互制约和相互依存，彼此协调，而不是彼此孤立。这些器官系统在神经体液调节下既有分工，又有合作，共同完成统一的生命活动。人体按部位可分为头部（又分为颅、面部）、颈部、背部、胸部、腹部、盆会阴部（后四部分称为躯干部）、上肢和下肢（上肢和下肢合称为四肢）。

（三）人体各系统概述

（1）运动系统。人体的运动系统由骨、关节、肌肉构成。全身共有 206 块骨，借关节连接而成骨骼，全身骨骼肌有 500～600 块，在神经系统支配下完成各种运动，并对身体起着重要的支持和保护作用。

（2）内脏（消化、呼吸、泌尿和生殖）系统。它们主要位于胸腔、腹腔和盆腔内，消化、呼吸两系统的部分器官则位于头、颈部，泌尿、生殖和消化系统的部分器官位于会阴部。在胚胎发生中，呼吸与消化两系统关系密切，呼吸系统是在消化系统的基础上发生的。泌尿与生殖系统在形态和发生上的关系更为密切，常合称为泌尿生殖系统。

消化和呼吸系统分别自外界摄取营养物质和氧，供细胞进行物质代谢。代谢最终产物由泌尿系统、呼吸系统和皮肤排出体外，食物残渣以粪便形式排出。消化系统的胰腺还有内分泌功能。生殖系统的睾丸和卵巢产生生殖细胞，并能产生性激素，故内脏系统的功能是进行物质代谢与繁衍后代。由于内脏自外界摄取物质或将某些物质排出体外，因此各系统都有孔道与外界相通。

（3）脉管系统。包括心血管系统和淋巴系统，是人体内一套封闭的管道系统。血液和淋巴在管道内循环流动，不断地把消化器官吸收的营养物质、肺吸收的氧和内分泌腺（或组织）分泌的激素等输送到身体各器官、组织和细胞，供它们进行新陈代谢；同时又将各器官、组织和细胞的代谢产物，如二氧化碳、尿素等运送至肺、肾和皮肤等气管排出体外。这样，就保证了人体内、外界环境和身体各部之间的物质交换和运输，以维持生理活动的正常进行。

（4）神经系统。由脑、脊髓以及与它们相连并遍布全身各处的周围神经所组成，在人体各器官、系统中占有特殊的地位。人体各系统的不同细胞、组织和器官都在进行着不同的功能活动，但是这些活动又不是孤立不相关的，而是在时间和空间上严密组合在一起、互相配合的，这样人体才能完成统一的生理功能。人体中把不同细胞、组织和器官的活动统一协调起来的一整套调节机构就是神经系统。正是靠这种协调，人体才能适应或驾驭不断变化着的内环境和外环境，维持自身和种系的生存与发展。因此可以说，神经系统是人体内起主导作用的系统。

（5）内分泌系统。它是机体的重要调节系统，其功能是分泌各种激素，对机体的新陈代谢、生长发育和生殖活动进行体液调节。内分泌系统与神经系统功能活动相辅相成，共同调节和维持机体内环境的稳定。内分泌系统是由内分泌腺（如垂体、甲状腺、甲状旁腺、肾上腺等）和分布到其他器官的内分泌细胞（如胰岛细胞、睾丸间质细胞、卵巢内的黄体等）组成。

（6）感受器及其附属装置。感受器是机体接受内、外界环境各种刺激的结构。不同类型的刺激，首先要经由相应的感受器来接受，并通过感受器的换能作用，把刺激能量变为神经冲动，经感觉神经和中枢神经系统内的传导路，把冲动传导到中枢神经系统的大脑皮质，产生各种感觉，从而建立机体与内、外界环境间的联系。感受器的种类很多，结构简繁不一。有的感受器结构很简单，有的感受器在长期的进化过程中对某种刺激具有高度的敏感性，形态结构变得比较复杂，具有各种对感受器起保护作用和使感受器的功能充分发挥作用的辅助装置，如视器和前庭蜗器等。

三、临床医学的学科分类和主要特征

（一）临床医学学科分类

临床医学的一个显著特征是学科分科的不断细化，即专科化。由于人类的疾病繁多，诊断技术层出不穷，治疗方法也复杂多样。临床医生对日益增长的知识和复杂的技术难以全面掌握，因此，迄今已有的临床专业学科大体上有5种建立方式。

（1）按治疗手段建立的学科。如以药物治疗为主的疾病归在内科学，而以手术治疗为主的疾病归在外科学。此外，按治疗手段建立的学科还有理疗学、放射治疗学、核医学、营养治疗学和心理治疗学等。

（2）按治疗对象建立的学科。传统的妇产科学、儿科学都有特定的治疗对象及其治疗特点。此外，老年病学、围生医学、危重病医学、职业病学等，都属于按治疗对象建立的学科。

（3）按人体的系统或解剖部位建立的学科。如口腔科学、皮肤性病学、眼科学、神经病学、耳鼻咽喉科学等。不少以前归于内科和外科（二级学科）的专业，现在逐渐形成独立的学科（三级学科），如心血管内科、呼吸内科、泌尿外科、胸外科等。

（4）按病种建立的学科。这类学科的研究对象往往是具有相同病因或特点的一组疾病，如结核病学、肿瘤学、精神病学等。

（5）按诊断手段建立的学科。如病理学、医学检验学、放射诊断学、超声诊断学等。

临床医学的专科化发展，促进了诊断和治疗水平的提高，但也带来了一系列问题，如重治疗、轻预防，关注疾病而忽略患者，关注本专科的问题而忽略其他专科问题，难以提供连续性的照顾，以及医疗费用的急剧升高等。20世纪中期后，由于疾病谱的改变和人口老龄化，这些问题愈显突出，从而导致了"全科医学"或"家庭医学"的诞生。1969年，"家庭医学"在美国成为第20个医学专科；1993年，中华医学会全科医学分会成立，全科医学在我国正式成为一个临床医学专科。

（二）临床医学的主要特征

与一般的应用科学相比，临床医学有如下显著的特点。

（1）临床医学研究和服务的对象是人。其复杂性大大超过其他自然科学。

（2）临床工作具有探索性。临床上面对患者，不可能在未知因素全部搞清楚后再去防治，只能探索性地最大限度缓解患者的痛苦，挽救和延长患者的生命。这是与许多应用科学的显著区别之一。

（3）临床医学启动医学研究。医学发展史上，对疾病的认识通常是从临床上先总结出这些疾病的表现规律，然后才进行基础研究。

（4）临床医学检验医学成果。无论是基础医学还是其他学科的医学成果，都必须在临床应用中得以检验。离体研究的成果不一定适用于整体或在体的情况，动物实验的结果并不能完全取代人体试验的结果。

四、临床医学主要诊断方法和技术

临床医学的诊断，主要是通过问诊采集病史，全面系统地了解患者的症状；通过视诊、触诊、叩诊和听诊等体格检查发现患者存在的体征，并进行一些必要的实验室检查，如血液学检查、生物化学检查、病原学检查、病理学检查，以及心电图、X线和超声等辅助检查，收集这些临床资料后，予以综合分析，得出临床诊断，包括：①病因诊断：根据致病原因而提出的诊断，说明了疾病的本质；②病理解剖诊断（病理形态诊断）：即根据病变组织器官的形态改变进行的诊断；③病理生理诊断（功能诊断）：即根据器官功能状况做出的诊断。

（一）问诊和病史采集

采集病史是医生诊治患者的第一步。通过问诊，了解疾病的发生、发展，诊治经过，既往健康状况和曾患疾病的情况，对诊断具有极其重要的意义，也为随后对患者进行的体格检查和各种诊断性检查的安排提供了最重要的基本资料。

问诊内容主要包括：①患者一般情况；②主诉：患者感受最主要的痛苦或最明显的症状，也就是本次就诊最主要的原因及其持续时间；③现病史：此次患病后的全过程；④既往史：包括患者既往的健康状况和过去曾经患过的疾病（包括各种传染病）、外伤手术、预防注射、过敏，特别是与目前所患疾病有密切关系的情况；⑤个人史和家族史，女性还应包括月经史和生育史。

症状，通常是指患者主观感受到不适或痛苦，或某些客观病态改变。症状表现有多种形式，有些只有主观才能感觉到，如疼痛、眩晕等；有些既有主观感觉，客观检查也能发现，如发热、黄症、呼吸困难等；也有主观无异常感觉，是通过客观检查才发现的，如黏膜出血、肝大、脾大等；还有些生命现象发生了质量变化（不足或超过），如肥胖、消瘦、多尿、少尿等，需要通过客观评定才能确定。凡此种种，广义上均可视为症状，即广义的症状，也包括了一些体征。

（二）体格检查

体格检查，是指医师运用自己的感官，或借助传统简便的检查工具，如体温表、血压计、叩诊锤、听诊器、检眼镜等，客观地了解和评估患者身体状况的一系列最基本的检查方法。许多疾病通过体格检查再结合病史就可以做出临床诊断。医师进行全面体格检查后对患者健康状况和疾病状态提出的临床判断称为检体诊断。通过体格检查发现的客观改变即体征。体格检查的基本方法有以下4种。

（1）视诊。是医师用眼睛观察患者全身或局部表现的诊断方法。视诊可用于全身一般状态和许多体征的检查，如发育、营养、意识状态、面容、步态等。局部视诊可了解患者身体各部分的改变。特殊部位的视诊需要借助某些仪器如耳镜、鼻镜、检眼镜及内镜等进行检查。

（2）触诊。是医师通过手接触被检查部位时的感觉来进行判断的一种方法。它可以进一步检查视诊发现的异常征象，也可以明确视诊所不能明确的体征，如体温、湿度、震颤、波动、压痛、摩擦感以及包块的位置、大小、轮廓、表面性质、硬度、移动度等。触诊的适用范围很广，尤以腹部检查更为重要。触诊根据施加的压力轻重，可分为浅部触诊法和深部触诊法。

（3）叩诊。是用手指叩击身体表面某一部位，使之震动而产生声响，根据震动和声响的特点来判断被检查部位的脏器状态有无异常的一种方法。根据叩诊的目的和叩诊的手法不同可分为直接叩诊法和间接叩诊法两种。

（4）听诊。是医师根据患者身体各部分活动时发出的声音判断正常与否的一种诊断方法。目前主要采用间接听诊法，即用听诊器进行听诊。除心、肺、腹的听诊外，还可以听取身体其他部位发出的声音，如血管杂音、骨折面摩擦音等。

（三）实验诊断

临床实验室检查主要包括如下内容。

（1）血液学检验。血液和造血组织的原发性血液病以及非造血细胞疾病所致的血液学变化的检查。包括红细胞、白细胞和血小板的数量；生成动力学、形态学和细胞化学等的检验；止血功能、血栓栓塞、抗凝和纤溶功能的检验；溶血的检验；血型鉴定和交叉配血试验等。

（2）体液与排泄物检验。对尿、粪和各种体液以及胃液、脑脊液、胆汁等排泄物、分泌液的常规检验。

（3）生化学检验。对组成机体的生理成分、代谢功能、重要脏器的生化功能、毒物分析及药物浓度监测等的临床生物化学检验。包括糖、脂肪、蛋白质及其代谢产物和衍生物的检验；血液和体液中电解质和微量元素的检验；血气分析和酸碱平衡的检验；临床酶学检验；激素和内分泌功能的检验；药物和毒物浓度检测；肝功能、肾功能检测等。

（4）免疫学检验。主要包括免疫功能检查，临床血清蛋白、抗原、抗体检查，以及肿瘤标志物等的临床免疫学检测检验。

（5）病原学检验。主要包括感染性疾病的常见病原体检查、医院感染的常见病原体检查、传播性疾病的病原体检查、细菌耐药性检查等。

另外，临床遗传学检查、临床脱落细胞学检查等也一般包括在实验室检查范围内。

（四）医学影像检查

临床常用的医学影像检查有 X 线检查、超声成像、CT 成像和磁共振（MRI）成像。20 世纪 70 年代以来，由于单光子发射计算机断层和正电子发射计算机断层技术的发展，核医学显像成为临床医学影像诊断领域中一个重要组成部分。X 线成像是基于 X 线对人体组织的穿透性，以及不同组织由于厚度、密度差异，对 X 线吸收衰减不同而形成图像。高密度、高厚度组织在 X 线片呈白色，低密度、低厚度组织则呈黑色。CT 图像不同于 X 线检查所获得组织厚度和密度差的重叠图像，而是 X 线束穿过人体特定层面进行扫描，经计算机处理而获得的重建图像。CT 图像的分辨率由图像的像素所代表的对应体素的大小决定，体素由扫描野的大小、矩阵的行列数及层厚决定，扫描野越小，矩阵数越多，层厚越薄，其分辨率越高。超声成像，超声是指振动频率在 20 000 次／秒（Hz，赫兹）以上，超过人耳听觉值上限阈值的声波。超声检查是利用超声波的物理特性和人体器官组织声学特性间的相互作用，获取信号并处理后，形成图形、曲线或其他数据，以诊断疾病。磁共振成像（MRI）是利用人体氢原子核（质子）在巨大、恒定、均匀磁场中受射频脉冲激动后共振，经接收线圈接收后计算机处理的人体断面图像。按照 MRI 检查时造影剂使用与否分为平扫和强化扫描两种。

此外，还有病理学诊断及心脑电图、内镜、核医学检查等基于器械的辅助检查方法。

五、现代医学主要治疗方法

医学虽然有数千年历史，但直到 19 世纪以前，医学治疗的效果都非常有限。医生可能偶尔治好一些患者，但更多的时候，只是"开出处方，等患者死亡，或自然痊愈"。但自 20 世纪以来，医学治疗发生了翻天覆地的变化。许多确切有效的药物，如维生素、抗感染药物、抗肿瘤化学治疗药、降血压药、抗精神病药等被发明和发现，外科手术不断完善，新的治疗手段亦不断出现。下面简要介绍药物治疗、手术治疗、介入治疗、放射治疗和物理疗法。

（1）药物治疗。药物治疗是最常用和最主要的治疗方法。我国管理部门对药品的定义为：用于预防、治疗、诊断人的疾病，有目的地调节人的生理功能并规定有适应证或者功能主治、用法和用量的物质，包括中药材、中药饮片、中成药、化学原料药及其制剂、抗生素、生化药品、放射性药品、血清、疫苗、血液制品和诊断药品等。

（2）手术治疗。手术治疗是外科治疗中的重要环节，是指用各种器械和仪器对机体组织或器官进行切除、修补、重建或移植等，以解除患者痛苦，达到治疗的目的，有时也作为检查、诊断的方法。

（3）介入治疗。介入治疗是指在医学影像或内镜的导向下，利用经皮穿刺和导管技术，通过药物、物理、化学等手段直接消除或减轻局部病变，从而达到治疗目的。介入治疗具有微创、可重复性强、定位准确等特点，对有些疾病，其疗效优于传统内、外科治疗。

（4）放射治疗。放射治疗是利用放射线如放射性同位素产生的α、β、γ射线和各类X线治疗机或加速器产生的X线、电子束、质子束及其他粒子束等治疗疾病。放射治疗是治疗肿瘤的常用方法之一。

（5）物理疗法。物理疗法是应用自然界和人工的各种物理因子作用于机体，达到预防、治疗疾病和康复的方法。现代物理疗法的方法很多，包括：电疗、超声治疗、磁疗、生物反馈、音乐电疗、光疗、冷热治疗、水疗、高压氧疗法等。目前物理疗法已成为临床治疗学中不可缺少的重要部分，广泛用于：① 各种炎症尤其是慢性炎症的恢复治疗；② 各种神经系统疾病或损伤的恢复治疗；③ 各种原因导致的肌肉损伤的治疗；④ 术后并发症的治疗；⑤ 有一些疗法如超声波扩大了原有的作用，成为外科手术工具。

第二节 预防医学

预防医学是医学的一门应用学科，它以个体和确定的群体为对象，目的是保护、促进和维护健康，预防疾病、失能和早逝。作为医学的一个重要组成部分，它要求所有医生，除了掌握基础医学和临床医学的常用知识和技能外，还应树立预防为主的思想，掌握医学统计学、流行病学、环境卫生科学、社会和行为科学以及卫生管理学的理论和方法，在了解疾病发生发展规律的基础上，学会如何分析健康和疾病问题在人群的分布情况，探讨物质社会环境和人的行为及生物遗传因素对人群健康和疾病作用的规律，找出对人群健康影响的主要致病因素，以制订防制对策，并通过临床预防服务和社区预防服务，达到促进个体和群体健康、预防疾病、防制伤残和早逝的目的。由此可见，预防医学具有以下特点：①预防医学的工作对象包括个体及确定的群体，主要着眼于健康和无症状患者；②研究方法上注重微观和宏观相结合，重点研究健康影响因素与人群健康的关系、预防的有效手段和效益；③采取的对策既有针对个体预防疾病的干预，更重视保障和促进人群健康的社会性措施。

一、预防医学的学科体系

从大的门类分，预防医学体系可分为流行病学、医学统计学、环境卫生科学、社会与行为科学以及卫生管理学五大学科。在理论体系上，流行病学和医学统计学为预防医学学科的基础方法学，用以了解和分析不同疾病的分布规律，找出决定健康的因素，评价干预方法效果。环境卫生科学（主要包括环境卫生、职业卫生、食品卫生、卫生毒理学、卫生微生物学、卫生化学）主要研究人们周围环境尤其是物质环境对人群健康影响的发生与发展规律，并通过识别、评价、利用或控制与人群健康有关的各种物质环境因素，达到保护和促进人群健康的目的。社会和行为科学（包括社会医学、健康教育与健康促进）是研究社会因素和行为对人群健康的影响，从而采取有针对性的社会卫生和行为干预措施来促进人们的健康。卫生管理学（卫生法、卫生政策、卫生经济、医院管理）则是从管理学的角度，研究卫生体系内部有关的政策、经济效益以及管理制度和机制，从而保证卫生服务质量、效率、效果和效用。另外，还有妇幼卫生、少儿卫生等学科主要是针对不同特定人群的特点而设立的。

二、三级预防策略

影响健康的因素涉及自然与社会环境因素、心理因素、行为与生活方式因素、生物遗传因素及卫生服务等，有些可导致急性、短期的健康问题，如传染病、急性中毒，损害人的健康和功能；通常由于长期、多种因素的累计接触作用后，才导致疾病和最后功能的损害。这些致病因素长期作用于人体，使重要组织和细胞发生病理改变，这种改变在致病因素的持续作用下以多因相连、多因协同或因因相连，使致病效应累积并超过机体的再生或修复能力，终于从代偿发展为失代偿，造成重要器官功能失调，产生病理或临床症状，甚至死亡。将疾病从发生到结局（死亡或痊愈等）的全过程称为疾病自然史，其中有几个明确的阶段：① 病理发生期；② 症状发生前期，从疾病发生到出现最初症状或体征；③ 临床期，机体出现形态或功能上的明显异常，从而出现典型的临床表现；④ 结局，疾病可以发展至缓解、痊愈、伤残或死亡。

基于疾病自然史的几个阶段的理论，危险因素作用于机体到疾病临床症状的出现，有一个时间的过程。人的健康问题的出现，是一个从接触健康危险因素、机体内病理变化从小到大，最后导致临床疾病发生和发展的过程。根据疾病发生发展过程以及健康影响因素的特点，把疾病预防分为三级预防策略。

（1）第一级预防。又称病因预防。在第一级预防中，如果在疾病的因子还没有进入环境之前就采取预防性措施，则称为根本性预防。它是从全球性预防战略和各国政府策略及政策角度考虑，建设健全社会、经济、文化等方面的措施。如为了保障人民健康，从国家角度以法令或规程的形式，颁发了一系列的法规或条例，预防有害健康的因素进入国民的生活环境。

（2）第二级预防。在疾病的临床前期做好早期发现、早期诊断、早期治疗的"三早"预防工作，以控制疾病的发展和恶化。早期发现疾病可通过普查、筛检、定期健康检查、高危人群重点项目检查及设立专科门诊等。达到"三早"的根本办法是宣传，提高医务人员诊断水平和建立社会性高灵敏并且可靠的疾病监测系统。对于某些有可能逆转、停止或延缓发展的疾病，则早期检测和预防性体格检查更为重要。对于传染病，除了"三早"，还需要做到疫情早报告及患者早隔离，即"五早"。

（3）第三级预防。对已患某些疾病的人，采取及时的、有效的治疗措施，防止病情恶化，预防并发症和伤残；对已丧失劳动力或残疾者，主要促使功能恢复、心理康复进行家庭护理指导，使患者尽量恢复生活和劳动能力，能参加社会活动并延长寿命。

对不同类型的疾病，有不同的三级预防策略。但任何疾病，不论其致病因子是否明确，都应强调第一级预防。如大骨节病、克山病等，病因尚未确定，但综合性的第一级预防还是有效的。又如肿瘤更需要第一级和第二级预防。有些疾病的病因明确而且是人为的，如职业因素所致疾病、医源性疾病，采取第一级预防较易见效。有些疾病的病因是多因素的，则要按其特点，通过筛检、及早诊断和治疗使预后较好，如心脑血管疾病、代谢性疾病，除针对其危险因素，致力于第一级预防外，还应兼顾第二级和第三级预防。对那些病因和危险因素都不明，又难以觉察预料的疾病，只有施行第三级预防这一途径。

三、临床预防服务概述

临床预防服务指在临床场所对健康者和无症状的"患者"病伤危险因素进行评价，然后实施个体的干预措施来促进健康和预防疾病。这里说的无症状的"患者"是指因某一较轻的疾患来看病，但存在将来有可能发生严重疾病危险因素的那些就医患者。对后一严重疾病来讲，该患者还没有出现症状，但这是预防干预的好时机。在选择具体的措施时考虑的是能够对健康者和无症状的"患者"采取的预防方法，即只针对第一级预防和第二级预防，并且是临床医生能够在常规临床工作中提供的预防服务，如通过个体的健康咨询和筛检早期发现患者。临床预防服务的内容通常有求医者的健康咨询（health counseling）、筛检（screening）、化学预防（chemoprophylaxis）和预防接种。

四、社区公共卫生服务

社区是指若干社会群体（家庭、氏族）或社会组织（机关、团体）聚集在某一地域里所形成的一个生活上相互关联的大集体。社区不完全等同于"行政区域"。两者有联系，也有区别。有联系的是，有的行政区与社区在地域上可能是重合的，如我国城市街道和农村的镇，因为它既是行政区，又由于它的主要社会生活是同类型的，所以，我国常把它们称为社区，但行政区是为了实施社会管理，依据政治、经济、历史文化等因素人为地划定的，边界比较清楚。而社区则是人们在长期共同的社会生产和生活中自然形成的，其边界比较模糊。有时同一社区可划分为不同的行政区，而同一行政区却包含不同的社区。在我国，常常把人们居住的行政区域称为"生活社区"，人们工作学习等区域称为"功能社区"，如企业、单位、学校、医院等。

社区是个人及其家庭日常生活、社会活动和维护自身健康的重要场所和可用资源，也是影响个人及其家庭健康的重要因素。就预防工作来讲，服务的群体一般都是以周围人群为对象的，有它特定的服务半径和范围；许多疾病的传播和流行常带有地域性；当地环境条件的优劣直接影响人的健康；从文化上讲，一定区域有着特定的风土人情，直接影响着人的健康行为。所以，以社区为范围开展健康促进和疾病防治就有非常明确的针对性。从卫生服务来讲，以社区为范围，则便于医患交往，便于家庭、亲属对患者的照顾。对卫生资源消费来说，加强社区卫生也有利于节约和减轻患者的负担。更为重要的是，通过社区服务网络，能有组织地动员群众参与，依靠社区群众自身的力量，改善社区的卫生环境，加强有利于群体健康发展的措施，达到提高社会健康水平的目的。在社区内还可依靠群众的互助共济解决个人无力承担的疾病问题，这既反映着我国民族的优良传统，也是健全社会健康保障体系的有效手段。

五、国家基本公共卫生服务

国家基本公共卫生服务是指由政府根据特定时期危害国家和公民的主要健康问题的优先次序以及当时国家可供给能力（筹资和服务能力）综合选择确定，并组织提供的非营利的卫生服务。实施国家基本公共卫生服务项目是促进基本公共卫生服务逐步均等化的重要内容，也是我国公共卫生制度建设的重要组成部分。《国家基本公共卫生服务规范（第三版）》包括：居民健康档案管理、健康教育、预防接种、0~6岁儿童健康管理、孕产妇健康管理、老年人健康管理、高血压患者健康管理、2型糖尿病患者健康管理、严重精神障碍患者管理、肺结核患者健康管理、中医药健康管理、传染病及突发公共卫生事件报告和处理以及卫生计生监督协管服务。其执行主体是乡镇卫生院、村卫生室和社区卫生服务中心（站）等城乡基层医疗卫生机构。城乡基层医疗卫生机构开展国家基本公共卫生服务，接受当地疾病预防控制、妇幼保健、卫生计生监督等专业公共卫生机构的相关业务指导。

六、职业病的健康管理

在医学领域里有一类特殊的疾病——职业病，它不仅与预防有密切的关系，在其管理方面还有特定的要求。

人们在工作环境中因直接接触职业性有害因素所导致的疾病称为职业病。各国根据本国的经济条件和科技水平以及诊断、医疗技术水平，规定了各自的职业病名单，并用法令的形式所确定，即立法意义上的"法定职业病"。《中华人民共和国职业病防治法》将职业病定义为"企业、事业单位和个体经济组织等用人单位的劳动者在职业活动中，因接触粉尘、放射性物质和其他有毒、有害因素而引起的疾病"。我国的职业病分为10大类132个病种，包括：① 职业性尘肺病及其他呼吸系统疾病：尘肺病13种；其他呼吸系统疾病6种；② 职业性皮肤病9种；③ 职业性眼病3种；④ 职业性耳鼻喉口腔疾病4种；⑤ 职业性化学中毒60种；⑥ 物理因素所致职业病7种；⑦ 职业性放射性疾病11种；⑧ 职业性传染病5种；⑨ 职业性肿瘤11种；⑩ 其他职业病3种，包括金属烟热、滑囊炎（限于井下工人）和股静脉血栓综合征、股动脉闭塞症或淋巴管闭塞症（限于刮研作业人员）。

职业病的管理主要涉及职业病诊断管理、职业病报告管理及职业病患者的治疗与康复、处理办法等内容。《中华人民共和国职业病防治法》是职业病管理的国家法律。该法对职业病诊断的依据和标准、职业病鉴定的组织与鉴定行为、用人单位在职业病诊断与鉴定期间的法律义务、职业病的报告以及职业病患者的待遇等都做出了详细规定。

第三节 中医"治未病"

中医学是以中医药理论与实践经验为主体，研究人类生命活动中健康与疾病转化规律及其预防、诊断、治疗、康复和保健的综合性科学。中医理论中的"治未病"（preventive treatment）是中华民族伟大的医学思想，"治未病"一词在最早见于《黄帝内经》。如《素问·四气调神大论》言："是故圣人不治已病，治未病，不治已乱，治未乱，此之谓也。夫病已成而后药之，乱已成而后治之，譬犹渴而穿井，斗而铸锥，不亦晚乎？"医生能够在病情潜伏或尚未恶化的时候就已经掌握病情并早期治疗，治病于萌芽，消病于无形，防病于无病。

"治未病"是中国传统医学历经千年的理念和实践，其预防医学思想，核心要点包括未病养生、防病于先，欲病救萌、防微杜渐，已病早治、防其传变，瘥后调摄、防其复发等诸多方面。概括起来主要是未病先防、已病早治、既病防变和愈后防复等方面的内容。

第三章　拓展材料

一、中医"治未病"的基础知识

（1）未病先防。是指在疾病发生之前就积极采取有效措施，防止疾病的发生。做到未病先防，既强调在疾病未发生之前调摄情志，适当劳逸，合理膳食，谨慎起居，并倡导太极拳等有益身心健康的健身方法，又强调可以运用针灸、推拿、药物调养等方法调节机体的生理状态，以达到保健和防病作用。

（2）已病早治、既病防变。是指疾病一旦发生，就要早期诊治，防止传变。是根据人体阴阳失衡、脏腑功能失调的动态变化，把握疾病发生发展与转变规律，以防止疾病的发展与传变。外邪初袭人体，病情轻浅，若不及时诊治，病邪会由表入里，病情由轻变重，给治疗带来困难。《素问·阴阳应象大论》说："邪风之至，疾如风雨，故善治者治皮毛，其次治肌肤，其次治筋脉，其次治六腑，其次治五脏。治五脏者半死半生也。"其次，各种疾病都有不同的传变途径及发展规律，如外感病多以六经传变、卫气营血传变或三焦传变为主；内伤杂病则多以五行生克制化规律传变及经络传变等为主。体现在现代临床，治疗疑难性疾病及慢性疾病时，采取积极的干预措施，可达到阻止疾病进展、防止出现并发症的目的。

（3）愈后防复。是指疾病初愈时，采取适当的调养方法及善后治疗，防止疾病复发。疾病初愈，虽然症状消失，但此时邪气未尽，正气未复，气血未定，阴阳未平，必待调理方能渐趋康复。所以在疾病发生后，可适当用药物巩固疗效，同时配合饮食调养，注意劳逸得当，生活起居规律，以期早日康复，从而避免疾病的复发。

二、"治未病"是中医特色的健康管理

健康管理主要从人们的生活方式，如饮食、锻炼、控制体重、吸烟、精神压力等方面入手，通过控制健康危险因素，有效降低可控制危险因素是健康管理的关键。中医正是主张通过饮食、运动、精神调摄等个人养生保健方法和手段来维持人体的阴阳气血平衡，以达到维持"精神内守，真气从之"的健康状态。中医"治未病"在我国有悠久的历史，"治未病"强调人们应该注重保养身体，培养正气，提高机体的抵御病邪能力，达到未生病前预防疾病的发生、生病之后防止进一步发展、疾病痊愈以后防止复发的目的，这一理念贯穿在健康管理的全过程。

三、中医养生与"治未病"

中医养生（Chinese medicine health care）是指通过各种方法颐养生命，增强体质，预防疾病，从而达到延年益寿的一种医事活动。中医养生的方法注重整体性和系统性，目的是预防疾病或促进疾病康复，为中医"治未病"提供了多种行之有效的干预措施，是"治未病"的重要手段。

（一）中医养生学理论的基础知识

（1）顺应自然。是指顺乎自然界的阴阳变化以护养调摄的方法。人处于天地之间，作为自然界中的一部分和自然界息息相关。大自然的四时气候、昼夜交替、日月运行、地理环境等各种变化都会对人体的生理、病理产生影响，这体现了中医的整体观念。因此，掌握四时六气的变化规律和不同自然环境的特点，衣食住行均顺应自然界的运动变化，使人体与自然界形成高度协调的统一体，才能达到养生保健、益寿延年的目的。

（2）形神共养。传统医学认为人体是形与神的统一体。"形"即形体结构，"神"即神志、意识、思维等。神是形的产物，而形为神的物质基础。中医养生学特别强调形神合一的调养，从而形成了保精全神、调气安神、四气调神等修身养性法与膳食调养、中药进补、导引按摩等健体养形法相结合的独具特色的中医养生术。

（3）动静互涵。人体生命活动也是动与静的结合，维持机体动静和谐的状态，才能保证人体正常的生理功能。很多传统功法都是动静结合，包括"静中有动""动中求静""以静御动""外静内动"等具体原则。同时动以练形，静以养神，可以达到形神共养的效果。因此，把动和静有机地结合起来，动静兼修，处理得当，持之以恒，才能达到养生保健的目的。

（4）辨证施养。辨证施养是指辨证地分析个体的情况，充分考虑机体当下的状态、体质差异、所处环境等的不同，给出具有针对性的、个性化的养生方案。辨证施养主要表现在因时、因地、因人制宜。也就是说养生保健要根据时令、地域以及人的体质、性别、年龄、职业、生活习惯等的不同，制定相应的方法。

（二）传统养生方法与技术

（1）精神养生。是在养生学基本观念和法则的指导下，通过主动的积精全神、调气安神、四气调神、修德怡性、调志摄神等多种途径，保护和增强人的精神健康，力求达到形神统一的养生目的。

（2）饮食养生。或称食疗，是在中医理论的指导下，调整饮食，注意饮食宜忌，合理地摄取食物，以增进健康、益寿延年的养生方法。

（3）行为养生。①起居有常，即人生活在自然界中，其日常生活也应顺应自然界阴阳消长的变化规律，才能有益健康。②劳逸适度，即体力劳动与脑力劳动，休闲与睡眠要配合得当。过劳、过逸均可伤身耗神，有害健康。③饮食有节，即指饮食要有节制，不能随心所欲，要讲究吃的科学和方法。④衣着适时，即穿衣要适应外界气候的变化，才能使身体舒适。⑤房事有节，就是根据人体的生理特点和生命的规律，采取健康的性行为，以防病保健，提高生活质量，从而达到健康长寿的目的。

（4）功法养生。如太极拳、八段锦、五禽戏等几种功法，均是身心共调、形神共养之法，能够从本质上改善体质，强壮体魄，需勤加练习。此外，还有易筋经、六合拳、形意拳等多种功法，供不同体质的人群按照个人喜好选择练习。

（5）时令养生。即"顺时养生"，是在中医学"天人相应"的理论指导下，按一年四季气候阴阳变化的规律和特点来调节人体，从而达到健康长寿的一种养生方法。依照不同时令，养生可分为时辰养生、四时养生、节气养生等多种方式。

（6）药物养生。药物养生保健是在中医药理论指导下，运用药物来强身健体的方法，是中医养生的重要手段之一。临床运用时根据其药物的性味归经，结合辨证，审因择药。同时需谨慎用药，切忌滥用，并注意结合四时气候以及个人体质选药施养。

（7）针推养生。针灸推拿是中医学的重要组成部分，它既是一种广泛应用于临床的治疗措施，也是我国传统养生保健的重要手段。针灸推拿是以经络学说为基础，通过刺激腧穴，激发经气，调节机体阴阳，以达到防病治病、益寿延年的目的，包括针刺特定穴位养生、艾灸养生、推拿养生、拔罐养生、刮痧养生等方法。

第四节　循证医学

循证医学（evidence based medicine）是遵循现代最佳医学研究的证据，将其应用于临床，对患者进行科学诊治的一门学问。其目的在于不断提高临床医疗质量和医学人才的素质，并促进临床医学的发展，从而更有效地为患者服务并保障人民的健康。

一、循证医学的诞生及其产生背景

循证医学的开创性研究一般被认为是英国著名流行病学家、内科医生阿尔希·考科蓝（Archie Cochrane，1909—1988）做出的。早在1972年，在其出版的《疗效与效益健康服务中的随机对照试验》专著中，就明确提出"由于资源终将有限，因此应该使用已被恰当证明有明显效果的医疗保健措施"，并强调"应用随机对照试验证据之所以重要，因为它比其他任何证据来源更为可靠"。医疗保健有关人员应收集所有随机对照试验结果进行评价，为临床治疗提供当前最好的证据。考科蓝的创新性研究，对健康服务领域存在的如何达到既有疗效、又有效益的争论产生了积极的影响。而循证医学的真正诞生是在 1992 年，由加拿大麦克马斯特（Mc Master）大学戈登·盖亚特（Gordon Guyatt）所领导的循证医学工作组在《美国医学会杂志》上发表了名为 *Evidence-based medicine. A new approach to teaching the practice of medicine* 的文章，第一次提出了"evidence-based medicine"这一确切的概念，并就如何将这一观念引入临床教学，如何在证据基础上实践循证医学进行了探讨。

循证医学的产生和发展是与人类社会疾病谱变化、科技发展、信息网络技术革命以及临床流行病学的发展分不开的。

人类疾病谱已经发生了明显变化，健康问题已经从传染性疾病和营养缺乏转变为肿瘤、心脑血管疾病和糖尿病等多因素疾病。相应地，病因的多样化使得疾病发病机制、疾病表现和临床预后各不相同。由于人类疾病谱发生了变化，从单因性疾病向多因性疾病转变，为此相应的治疗也就变成了综合性治疗。

信息技术的发展为临床证据信息的传播提供了现代化手段，使临床医生快捷地查找、获取和评价临床证据成为可能。

流行病学研究方法的迅速进展与日益成熟，不仅为预防医学提供了开展人群研究的技术，也被临床各学科开展研究所青睐。临床流行病学成为循证医学的基础，也为开展循证医学保证了高质量证据的来源。

二、实施循证医学的步骤

循证医学一般过程包括提出问题、收集证据、评价证据、应用最佳证据指导临床决策以及在实践中不断提高临床决策水平和医疗质量等五个步骤。

（一）提出问题

对一个患者实施循证医学的第一步就是找出临床问题，构建一个需要回答的问题。找出临床问题的重要性在于：首先，找出问题是循证医学临床实践的起点，找不准问题必将影响循证医学后面步骤的实施；其次，找出问题也是医学发展的需要，对临床问题认识的不断升华才能使之逐渐接近真实；最后，循证医学实践以解决患者所患疾病存在的重要临床问题为中心，找出问题是循证医学所赋予的任务。

（二）收集证据

通过期刊检索系统和电子检索系统等方式来获得有关证据，也就是收集有关问题的资料。收集研究证据是循证医学实践一个不可缺少的重要组成部分，其目的是通过系统检索最全面地得到证据，为循证医学实践获取最佳证据奠定坚实的基础。Haynes 等研究人员于 2001 年提出了循证医学资源的"4s"模型，将信息资源分为四类：

（1）系统证据（system）。即计算机决策支持系统，是指针对某个临床问题，概括总结所有相关和重要的研究证据，并通过电子病历系统与特定患者特征自动联系起来，为医生提供决策信息。

（2）证据摘要（synopses）。即循证杂志摘要，为帮助临床医生快速、有效地查询文献，方法学家和临床专家通过制定评价标准，对主要医学期刊上发表的原始研究和二次研究证据从方法学和临床重要性两方面进行评价，筛选出高质量的论著并以结构式摘要的形式再次出版，并附有专家意见。

（3）系统评价（syntheses）。是针对某一具体临床问题系统、全面地收集全世界所有已发表或未发表的临床研究，筛选出符合质量标准的文献，进行定性或定量合成，得出可靠的综合结论。

（4）原始研究（studies）。发表在杂志和综合文献数据库、未经专家评估的文献资料，临床医生在检索和应用此类文献，需评估其真实性、临床重要性和适用性，否则可能对实践产生误导。

（三）评价证据

临床研究证据层出不穷却良莠不齐，只有对其真实性、临床重要性和适用性进行严格评价，才能应用于临床实践。证据评价能让临床医生从来源众多的证据中查阅到所需要的信息，改进临床医疗决策，提高医疗质量，还可以为卫生行政部门决策者制定政策提供真实、可靠的证据，为患者选择医疗方案提供科学依据。

目前在循证医学教学和循证临床实践中公认的证据分类标准是 1998 年 Bob Phillips、Chris Ball、David Sackett 等临床流行病学和循证医学专家共同制定的，于 2001 年发表在英国牛津循证医学中心网站。该标准将研究证据使用的推荐程度分为五级，即Ⅰ级、Ⅱ级、Ⅲ级、Ⅳ级和Ⅴ级。此外还有 grade 证据分级标准。

评价证据时，应对研究工作的全过程进行全面评价，包括：研究目的、研究设计、研究对象、观察或测量、结果分析、质量控制、结果表达和研究结论等。评价者应全面总结以上各方面的评价结果，提出改进研究或如何使用该证据的建设性意见。

meta 分析，也称为荟萃分析、汇总分析，是一种统计分析方法，被广泛用于医学文献的系统评价。meta 分析是将两个或多个相似结果进行定量综合分析的方法。一个系统评价可以选用单个结局指标进行一个 meta 分析，也可选用多个结局指标实施多个 meta 分析。有关系统评价及 meta 分析已经在临床研究和临床实践中得以普及与推广，特别是被广泛应用于效应量较小或存在争议的治疗性研究、预后研究、病因学研究等，并逐步推广到剂量反应关系研究以及诊断试验的综合分析。meta 分析过程涉及数据提取及汇总、合并效应量估计及假设检验、异质性检验等基本内容。

（四）应用最佳证据指导临床决策

应用最佳证据指导临床决策也就是在临床上实施这些有用的结果。对所获得的真实可靠、具有临床应用价值的最佳证据，结合临床经验及患者具体病情，能解决所提出的临床问题，则应开展高质量临床研究，为临床实践提供依据。将经过严格评价的文献，从中获得的真实可靠并有临床应用价值的最佳证据用于指导临床决策，服务于临床。反之，对于经严格评价为无效甚至有害的治疗措施则否定；对于尚难定论并有希望的治疗措施，则可为进一步研究提供信息。

（五）在实践中不断提高临床决策水平和医疗质量

如果评价结果为最好证据，则可结合临床经验与患者个体情况进行应用，做出临床治疗决策，并对应用效果进行评估。如评价结果不理想，则应进行再检索。通过实践，提高临床学术水平和医疗质量。通过实践，对成功或不成功的经验和教训，临床医生应进行具体分析和评价，以提高认识，促进学术水平和医疗质量的提高，此为自身进行继续教育的过程。

三、循证医学在健康服务与管理中的运用

循证医学的理念就是遵循科学证据进行科学决策产生最大最好效益，它的理念目前已逐渐深入所有医药卫生及其他领域，如管理、教育、经济、法律和基础研究等。

（1）循证筛检与健康体检。针对不同个体、不同群体、不同疾病等进行体检项目的选择、体检手段的确定须依据循证理念，了解筛检研究证据质量分级，掌握对筛检研究证据进行评价的原则，为服务对象做出科学决策，产生最大效益，避免过度体检，降低体检假阳性结果，提升健康管理水平。

（2）循证病因与健康风险评估。从 2000 年开始，国内陆续从国外引进了健康风险评估系统。因为在人种、流行病学、经济、社会环境等各方面存在着差异，依据循证理念，在国外评估系统基础上开发了本地版本。只有基于循证的方法确定健康危险因素，才能获得高质量级别的病因研究证据，在此基础上做出的风险报告结果才真实可信。

（3）循证医学干预与健康干预决策。首先提出循证干预问题，借助循证医学数据库资源，查找最新最佳证据，参考干预对象的意愿及选择，为健康管理服务对象制定诸如亚健康、高血压、冠心病等常见多发病和严重危害健康疾病的预防保健治疗方案，落实健康干预决策，并通过干预后效果评价不断更新。

电子资源—练习题

第三章　练习题

健康服务与管理导论

第四章

健康服务与管理理论基础

学习目标

1. 掌握：健康管理的理念；健康管理的服务流程；健康管理的步骤；社区卫生服务机构服务功能、社区卫生服务内容与工作方法。

2. 熟悉：管理的概念；社区卫生服务的概念与原则。

3. 了解：健康管理学的研究方法。

第一节 健康管理理论基础

管理就是在特定的环境下，管理者为了实现一定的目标，对其所能支配的各种资源进行有效的计划支配、组织、领导和控制等一系列活动的过程。

管理的定义应包括如下几层含义：一是管理是什么？管理是一系列活动过程。二是由谁来管？即管理的主体是管理者。三是管理什么？即管理的客体是各种资源，如人、财、物、信息、时间等。四是为何而管？即管理的目的是实现一定的目标。五是怎样管？即管理的职能是计划、组织、领导和控制。六是在什么情况下管？即在特定环境下进行管理。简单来讲，管理的定义是：管人事，理人心，从而达到自己及整个团队的目标。

一、管理理论发展

人们进行有效的管理活动已有数千年的历史，但直到近代以来才形成了一套比较完整的管理理论。一般来说，管理学形成之前可分成两个阶段：一是早期管理实践与管理思想阶段，即从人类社会产生到 18 世纪，人类在长期的生产实践中自觉或不自觉地进行着管理活动和管理的实践。但是，当时的人们并未对经验进行科学的概括，没有形成科学的管理理论。二是管理理论产生的萌芽阶段，从 18 世纪到 19 世纪的工业革命，随着工业化的生产活动实现，管理方面的问题越来越多地被涉及，于是管理学开始逐步形成。这个时期的代表人物有亚当·斯密（Adam Smith，1723—1790）、大卫·李嘉图（David Ricardo，1772—1823）等。

管理学形成后分为三个阶段，即古典管理理论阶段、现代管理理论阶段和当代管理理论阶段。古典管理理论阶段是管理理论最初形成阶段。在这一阶段，人们较多地从管理职能、组织方式等方面研究企业的效率问题。这个时期的代表人物有科学管理之父泰勒（F.W.Taylor，1856—1915）、管理理论之父法约尔（H.Fayol，1841—1925）和组织理论之父马克斯·韦伯（M.Weber，1864—1920）等。20 世纪 40 年代至 20 世纪中期为现代管理理论阶段，此阶段出现了许多管理理论学派，主要包括管理过程学派、经验或案例学派、人类行为学派、社会系统学派、决策理论学派和数学学派等。20 世纪中期以后，由于国际环境的剧变，这时的管理理论是以战略管理为主的当代管理理论阶段，研究企业组织与环境关系以及企业如何适应充满危机和动荡的环境。

二、健康管理的新特点

健康管理是对个体或群体的健康进行全面监测、分析评估，提供健康咨询和指导以及对健康危险因素进行干预的全过程。具体做法就是为个体和群体提供有针对性的科学健康信息并采取行动以改善健康状况。如养生理念、自我保健理念、健康促进理念、健康维护理念、疾病管理理念和大健康理念等。这些不同层次、多角度的健康理念相互融合，构成了现代健康管理理念。现代健康管理具有如下的新特点。

（1）多层次、多水平的健康管理系统。现代健康管理系统是由微观、中观、宏观多个层次的健康管理活动有机组合而成的健康管理系统，核心是对个体、群体的不良行为和生活方式的干预与管理，其基础是对家庭、单位、社区等场所的健康问题及影响因素的综合管理，并不断扩大到对国家及全球范围内居民健康的宏观社会条件和结构因素的干预和管理。

（2）不断拓展的管理内容、对象和范围。健康管理内容不仅包含了患病后的治疗和管理，还包括了对各种健康相关危险因素的监测和干预；管理的对象从病人拓展到全人群的不同健康状态、不同生命周期人群的健康维护以及长期动态管理；管理的范围从关注健康结果扩大到关注对健康影响的各种自然、社会条件的管理。

（3）日趋多样化的健康管理策略。健康管理的手段从仅针对个体的临床医学、预防医学和公共卫生手段，拓展到社会、经济、文化、政策、法律、制度等综合干预措施，将健康融入所有政策。建立了纵横结合的管理机制。在重视和依靠卫生行政部门的同时，不断探索将健康目标和体系纳入所有部门的有效途径，期望通过跨部门协调一致的策略，推动健康管理的有效开展。

三、健康管理的基本步骤

健康管理有以下几个基本步骤。第一步是收集服务对象的个人健康信息，包括一般情况、目前健康状况、疾病家族史、生活方式、体格检查等。第二步是进行健康及疾病风险性评估，即根据所收集的个人健康信息，对个人的健康状况及未来患病或死亡的危险性用数学模型进行量化评估。第三步是进行健康干预：在前两部分的基础上，以多种形式来帮助个人采取行动，纠正不良的生活方式和习惯，控制健康危险因素，实现个人健康管理计划的目标。第四步是健康管理评价，包括过程评价与结果评价。干预效果是健康管理师的最终产出，也是健康管理师工作成败的评价指标，它主要取决于相关基础知识和健康教育技能的掌握情况。

四、健康管理的常用服务流程

健康管理的常用服务流程包括：健康体检管理；健康现况评估、健康风险评估；健康咨询、指导与干预；健康管理后续服务；专项的健康及疾病管理服务。

第二节 卫生事业管理

卫生事业管理学是研究卫生事业发展的客观规律及管理方法的一门综合性、交叉性和应用性学科。卫生事业管理学以医疗卫生服务的组织者、提供者、支付者和消费者为主要研究对象，分析卫生系统的基本结构和服务过程，以及卫生系统对改善人群健康状况的影响。卫生事业管理学除了具有其自身学科知识（如卫生资源配置，卫生体系设计，卫生服务组织者、提供者、支付者和消费者之间的关系，卫生系统对健康的影响等）外，与社会科学研究领域的关系也非常密切，如政治学、经济学、社会学、法学等。

我国卫生事业是政府实行一定福利政策的社会公益事业，具备以下性质：第一，卫生事业是社会公益事业。我国卫生事业是使全体社会成员共同受益的事业，不能以营利为目的。同时，医疗服务需要获得合理的经济补偿，才能生存和发展。因此，卫生事业需要政府、社会、市场共同发挥作用。第二，政府对卫生事业实行一定福利政策（不是纯福利，不是全包）。卫生事业发展必须与我国国民经济和社会发展相协调，人民健康保障水平必须与经济发展水平相适应。

一、卫生工作方针

（一）新时期卫生工作方针的形成

1990 年，卫生部和中医药管理局起草的《中国卫生发展与改革纲要》，提出了卫生工作的基本方针是：贯彻预防为主，依靠科技进步，动员全社会参与，中西医协调发展，为人民健康服务。经中央同意列入《中共中央关于制定国民经济和社会发展十年规划和"八五"计划的建议》之中。1991 年 4 月，第七届全国人民代表大会第四次会议通过的《中华人民共和国国民经济和社会发展十年规划和第八个五年计划纲要》，将卫生工作基本方针修改为：贯彻预防为主、依靠科技进步、动员全社会参与、中西医并重、为人民健康服务。从而确定了我国卫生工作方针的基本框架。此后，在卫生管理学界和卫生行政主管部门中，对我国卫生工作方针及与之相关的我国卫生事业的性质以及卫生工作在国家社会经济发展中的地位和作用，仍在进行着讨论。特别是全国卫生工作会议所进行的一系座谈讨论，为制定卫生工作方针起到了集思广益的作用。

1996 年 12 月，中共中央、国务院在北京召开了全国卫生工作会议；1997 年 1 月，《中共中央、国务院关于卫生改革与发展的决定》明确提出了新时期的卫生工作的方针：以农村为重点，预防为主，中西医并重，依靠科技与教育，动员全社会参与，为人民健康服务，为社会主义现代化建设服务。至此，新时期的卫生工作方针正式形成。

（二）卫生工作方针的基本内容

新时期卫生工作指导方针的七句话，可以划分为三个组成部分：第一部分是卫生工作的战略重点，包括以农村为重点、预防为主、中西医并重；第二部分是卫生工作的基本策略，包括依靠科技与教育、动员全社会参与；第三部分是卫生工作的根本宗旨，包括为人民健康服务、为社会主义现代化建设服务。

二、卫生事业管理体制与机制

卫生事业管理体制是卫生事业的主体结构框架，其结构的合理性直接关系到卫生事业工作绩效。因此，作为卫生管理工作者，有必要了解我国现行卫生管理体制及其变革，做到有的放矢，以便更好地管理卫生工作。

（一）卫生事业管理体制的含义

卫生事业管理体制是卫生管理组织系统内部的组织机构设置、隶属关系、责权划分及其运行体系的总称。我国现行卫生事业管理体制是"条块结合、以块为主、分级管理"的体制。条，是指自上而下地按行业系统管理；块，是指各省（自治区、直辖市）、市（地）、县等地方行政管理。

（二）我国卫生事业管理体制的变化

我国卫生事业管理体制的变化特点：①卫生领域由非经济化向事业化与经济化结合转变。②资源配置由单一政府安排向国家指导与市场调节相结合转化。③卫生机构由单一国有制向公有制为主、多种所有制并存转化。④卫生管理由行政化向按经营性质分类进行依法行政管理转化。⑤经费的来源由国家包干的供给制向多方共同出资模式转化。

（三）卫生运行机制

卫生运行机制即卫生管理运行机制，指卫生事业管理赖以运转的一切方式、手段、环节的总和。卫生管理运行机制包含三层意思：其一是卫生管理运行机制是协调卫生管理过程的机理的总称。其二是卫生管理运行机制功能的发挥依赖于其中构成要素间的相互作用和相互关系。其三是整个管理运行机制有规律地按一定方式运行并发挥总体功能。卫生运行机制在卫生事业运行和发展中起着重大作用。完善的卫生管理机制，可以实现卫生资源的优化配置，促进卫生事业的协调发展，更好地满足人民群众不同层次的卫生服务需求，为经济建设和社会主义现代化建设服务。

（1）卫生管理运行机制的内容。人员、物资与设备、信息、业务技术、教育与科研等，每项管理内容都有不同的管理运行机制。

（2）卫生服务市场运行机制。是指卫生机构对卫生服务市场进行调查、细分和市场定位，制订营销策略、组织卫生服务营销的方法和手段。在市场机制中最活跃的是竞争机制、供求机制、价格机制等。

（四）非营利性医疗机构管理的特点与运行机制

卫生管理运行机制宏观上有市场机制、价格运行机制、竞争运行机制、激励运行机制、财政运行机制、物价运行机制、计划运行机制等。中观上有医疗卫生单位内部的人员管理运行机制、收费运行机制；微观上可细化到某种物品的管理运行机制，内容繁多，很难逐一阐述清楚。我国医疗机构中，非营利性医疗机构占现有医疗机构的绝大多数。非营利性医疗机构是不以营利为目的向社会提供医疗卫生服务的组织。

1. 非营利性医疗机构的特点

政策上优惠，不存在利润指标。非营利性医疗机构可以享受一定的税收优惠政策，它们可以免交收入所得税、财产税或营业税。在法律地位上主要表现在对医疗机构的所有权和利润的产生与分配上。非营利性医疗机构的资金来源主要靠政府的投入和外部的"捐赠"，不完全依靠市场来维持生存和发展，即顾客（患者）不是主要的资金来源，而且机构也不能将其资产或收入分配给个人。非营利性医疗机构是可以获得一定利润的，但其分配形式不是按投资额来分配，而是用于机构的发展或提高工作绩效。评价非营利性医疗机构的效益和效率不存在利润指标。

责、权、利不明确，对目标与战略选择上有较多的限制。对营利性医疗机构而言，股东的权力是最大的，一般都是董事会领导下的总经理负责制，总经理要对董事会负责，董事会要对全体股东负责，可以根据市场需求和竞争的需要采取不同的竞争战略，从而获得更多的利润。但在非营利性医疗机构中，总经理竞争战略的选择余地非常有限，它受到来自社会和政府的多方干预。

2. 非营利性医疗机构管理运行机制

国有产权的代理制。非营利性医疗机构的生产性资源属于全体劳动者所有，由国家来代理共同体成员行使公共产权。

人事管理与分配机制。人事管理是指卫生事业组织根据自身的特点，对卫生服务和管理活动中的人与人、人与事之间的关系进行有效组织、协调和控制，以实现人与事最佳配合的活动。非营利性医疗机构的人事管理分三个层次，一是当地政府的人事行政管理，又称人事行政；二是同级卫生行政部门的人事管理；三是本机构内部的人事管理。三者之间存在相互制动、相互依存的关系。

三、卫生组织

卫生组织是指以促进、恢复和维护人群健康为基本目的的机构。各种卫生组织都以保障居民的健康作为组织的目标，但不同层级、不同类型的卫生组织具体目标将会有所差别。

（一）卫生组织的特点

卫生组织的特点：①卫生组织的目标是促进人们的健康，卫生组织必须把共同目标与个人目标紧密结合。②卫生组织通过专业分工和协调来实现目标，形成分工关系的个人、群体、部门是卫生组织的一部分，他们的协调互动、密切配合保证了组织整体目标的实现。分工与协作使组织活动形成相互联系的层次网络结构，与此相适应，组织的成员也根据各自的权利、责任制度形成正式的层级指挥体系。③卫生组织是一个与环境互动的、开放的系统，任何一个组织都处于一定的环境中，卫生组织与其外部环境存在物质、量、人才信息和知识的交换。卫生组织生存的重要条件是要能与环境保持合适的、和谐的相互需要的关系。④卫生组织是一个投入产出系统，卫生服务组织将投入的各种资源（如人力、物质、资金、信息、知识等）进行转换，其产出是卫生服务。

（二）卫生组织体系

卫生组织体系就是指以恢复和增进人群健康为目标的各种卫生组织构成的集合。卫生组织体系是卫生事业的主体结构框架，一切卫生工作都是通过卫生组织体系实施的，卫生组织体系的结构、功能分配、职权划分的合理性直接决定了各项卫生服务功能的效果和健康目标达成的程度。因此，了解我国现行卫生组织体系，不断完善卫生组织体系，对于改善卫生服务提供的公平、效率和质量具有重大意义。

1. 卫生组织体系的构成

卫生组织体系分为3个部分：卫生行政组织体系、卫生服务组织体系、社会卫生组织体系，各体系由具体的卫生组织机构构成。

（1）卫生行政组织体系是由卫生行政组织构成的集合。卫生行政组织是对国家公共卫生事务实施管理的组织。广义的卫生行政组织指一切具有计划组织、指挥、协调、监督和控制等管理功能的卫生组织机构，它包括政府卫生行政部门，也包括卫生立法、司法机关中管理卫生行政事务的机构，还包括企业事业以及社会团体中管理卫生行政事务的机构。狭义的卫生行政组织指国家行政管理机构中的政府卫生部门。卫生行政组织作为一个重要的制度来源，是卫生组织体系中体现管理职能的部分，与卫生服务体系的发展有着极为紧密的联系。

（2）卫生服务组织体系是由不同层级和不同功能的卫生服务组织构成。卫生服务组织指以保障居民健康为主要目标，直接或者间接地向居民提供预防服务、医疗服务、保健服务、康复服务、健康教育和健康促进等服务的组织。包括医院、疾病控制中心等。

（3）社会卫生组织体系是由各种社会组织构成的集合。社会卫生组织指不以营利为目的，主要开展公益性或互益性活动、独立于党政体系之外正式的与卫生有关的社会实体。包括学会、研究会、协会、基金会等。卫生行政组织体系对卫生服务体系行使组织、监管的功能。卫生行政组织服从政府的领导，接受上级卫生行政组织的业务指导。卫生服务组织体系是执行者，负责提供各项卫生服务。卫生服务组织体系通过分工合作，由医疗机构提供终身健康维护、疾病治疗，公共卫生服务机构致力于提供促进健康的环境，最终促进、恢复和维护居民的健康。卫生服务组织在接受卫生行政组织领导的同时，接受上级卫生服务组织的业务指导，并指导下级卫生服务组织。社会卫生组织弥补两者功能的不足及促进两者的沟通、协作。卫生服务组织之间相互分工、互补，组成了一个完整的体系。

2. 卫生组织体系的特点

（1）部分与整体的关系。卫生组织体系的设计须从系统的认识出发，设计和实施一个整体，以求达到我们所希望得到的效果。卫生组织体系是卫生组织工作按任务划分及其之间相互合作的方式的总和，是相互依赖的卫生组织之间和卫生组织内部相互依赖的各部分之间的正式联系。卫生组织体系就是指以恢复和增进人群健康为目标的各种卫生组织构成的集合。各个卫生组织之间是相互联系、相互制约的，不是孤立的。各个具备不同功能的卫生组织构成卫生组织体系后形成合力，功能大于部分之和。

（2）结构与功能的关系。结构决定了功能，而功能又反作用于结构，系统的结构是系统功能的基础，系统的功能依赖于系统的结构。只有系统的结构合理，系统的功能才能得到好的发挥，才能具有良好的功能。结构和功能实际上是对立统一的，系统的结构及其功能矛盾的不断产生、不断解决，由此推动着系统的不断发展。系统的结构制约着系统的功能，功能在适应不断变化的环境的同时又反作用于系统的结构，促进系统结构的改变，改变了的结构可以具有更佳的功能，使得功能得到更好的发挥。健康教育机构没有独立存在，依附于其他部门而存在，严重影响了其功能的发挥。基层缺乏卫生监督机构，导致卫生监督功能发挥受到限制。赋予各卫生组织机构功能的完整与否、合理与否决定了卫生绩效、健康产出。

（3）具有开放性。卫生组织体系同样具备开放性特征，卫生组织体系需适应环境的变化而发生变革。对卫生组织体系的环境分析中要包含影响组织战略的主要外部环境因素和内部环境因素。外部环境分析包括社会大环境和卫生服务环境，关注外部环境是要强调组织体系适应外部变化的重要性。

第三节 医院管理

医院管理是按照医院工作的客观规律，运用现代管理理论和方法，对人、财、物、信息、时间等资源，进行计划、组织、协调、控制，以充分发挥整体运行功能，优化绩效的管理活动过程。医院管理学是运用现代管理理论和方法研究并阐明医院管理活动的本质和规律的科学。

一、医院的性质、功能和特点

（一）医院的性质

医院作为卫生服务体系的重要组成部分，坚持为人民健康服务的宗旨，体现了国家卫生事业的公益性和保障性，同时还具有生产性和经营性等特点。

（1）公益性。医院是医疗服务体系和卫生事业的重要组成部分，以为人民健康服务为宗旨，实行救死扶伤、治病救人。卫生事业的社会公益性决定了医院的公益性。

（2）保障性。医院是社会民生保障体系的重要组成部分，涉及社会稳定、社会公平和国计民生。医院服务于人的生老病死全过程，是人类生存所必需的，对社会经济发展起着不可或缺的重要作用。

（3）生产性。医院是具有生产属性的单位，其主要产品是提供医疗服务。它是运用医学科学技术提供医疗服务的生产单位，医院的医学科研活动发展，提高了医学科学技术水平。医院是培养医务人员的主要场所之一，集中了大量医疗资源和丰富病例，培养并产生了大批优秀医学人才。

（4）经营性。医院是一个独立的经济实体，要遵循医疗工作的内在规律与要求，又要遵循市场规律。医院在市场竞争的环境中要生存、发展就应利用市场规则加强对医院的运营管理。

（二）医院的功能

医院主要提供医疗服务，并开展预防、保健、康复等服务，承担与其相应的临床教学培训和科学研究等任务，同时承担部分公共卫生任务，如健康教育等。随着医学模式转变和医学科学的发展，医院的功能已经从单纯诊疗护理病人向疾病预防、保健康复发展。

（三）医院工作的特点

医院工作的特点有：医院必须以病人为中心；医院工作的科学性和技术性；医院工作的整体性和协作性；医院工作的风险性与规范性；医院工作的时间性和连续性；医院工作的社会性和群众性。医院以病人和一定社会人群为主要服务对象，以医学技术为基本服务手段，服务目标是保证医疗质量和医疗效果，促进人民健康。

二、我国医院的分级管理

按照有关文件规定，根据医院的功能、任务和提供的服务、举办主体、所有制形式、经营性质以及法规规定的不同进行分类。根据举办主体分为政府办医院、社会办医院、私人办医院；根据所有制形式分为公立医院和非公立（私立、民营）医院；根据经营性质分为非营利性医院和营利性医院；根据功能任务定位不同，医疗机构分为十三个类别，医院是其中的一个类别，此外还有妇幼保健院、门诊部、诊所、乡镇卫生院和社区卫生服务中心等；根据医疗服务专业分为不同的类别，包括综合医院、中

医院、中西医结合医院、民族医院、专科医院和康复医院等。

我国医院实行分级管理,根据医院承担的功能、任务确定医院的级别,即医院的级别分为一级、二级和三级。一级综合医院住院床位总数20至99张,是向一个社区(人口一般在10万以下)提供基本医疗、预防、保健和康复服务的基层医疗机构。二级综合医院住院床位总数100至499张,是向含有多个社区的地区(人口一般在数十万)提供以医疗为主,兼顾预防、保健和康复医疗服务并承担一定教学和科研任务的地区性医疗机构。三级综合医院住院床位总数在500张以上,是向含有多个地区的区域(人口一般在百万以上)提供以高水平专科医疗服务为主,兼顾预防、保健和康复服务并承担相应的高等医学院校教学和科研任务的区域性医疗机构;是省或全国的医疗、预防、教学和科研相结合的技术中心,是国家高层次的医疗机构。

三、我国医院管理的主要模式

1949年前,中国的医院管理模式主要套用美、英、德等国的模式,特别是教会医院,类似创办医院的教会国家的模式。中华人民共和国成立后,我国全面学习苏联,完全实行计划经济的管理模式。党的十一届三中全会以来,医院在筹资来源、领导管理体制、财务管理、职工资金等方面不断发生变化,逐步从计划经济到商品经济再到市场经济体制。我国现代医院大体管理模式如下:公立医院——党委领导下的院长负责制;私立医院——董事会领导下的院长负责制。

四、医院管理的职能

(1)制订医疗管理计划。依据国家卫生事业的方针政策、上级主管部门要求和本地区卫生规划、本地区及周边地区社会医疗需求情况,以及医院的医疗资源状况,在医院总体发展战略和年度工作计划的指导下,制订相应的医疗计划。

(2)建立健全各项医疗规章制度。依据国家颁布的有关法规和要求,遵循医疗活动规律和医疗管理原则,反映医学科学技术的特点,尤其是临床医学的发展趋势,科学地制定医院所需的规章制度。

(3)合理组织医疗技术力量。根据医院医疗工作计划的目标与任务规定,合理组织医疗技术力量,如医疗组织机构的设置和调整;建立健全医院的职能部门;健全科室的医疗管理班子;医疗技术人员的调整与排班;医疗技术人员的配备与调度等。

(4)做好医疗活动中的调控。医疗活动的特点是医疗过程中变量多且难于预测,因此,需要做好医疗活动中的及时调控。如病例会诊制度、病例讨论制度、联合查房制度、医护交接班制度、执行医嘱制度以及一些专项工作的协调会、工作会议等。

(5)检查评审医疗过程与效果。医疗评审在医疗管理中的重要作用,使其成为科学地进行医疗管理的重要标志。医院分级管理制度的实施,使对医疗质量与水平的检查与评审系统化,成为医院医疗活动评审的基本依据。

五、医院管理的主要内容

医院管理主要内容是医院在医疗、教学、科研和预防等活动中各项管理职能的总称，主要包含以下几方面内容。

（1）医院战略管理。我国医院战略管理经历了战略管理的认知、探索、实践和丰富发展阶段。医院作为公益性组织，其战略管理与医院的目标和价值观念紧紧相连，要坚持医院公益性定位，注重社会效益，以提高人民健康水平为己任。

（2）医院组织管理。医院组织管理是医院工作的重要组成部分，是完成医院任务、发挥医院整体功能的组织保证。医院管理人员必须从实际出发，探索与新时代相适应的医院组织管理工作，以促进医院工作的健康发展。

（3）医院人力资源管理。医院人力资源管理是运用现代科学理论与方法，对医院人力资源进行有效开发、合理配置、充分利用，并通过培训、考核、激励等一系列管理措施。其发掘员工的潜能，充分调动员工的积极性与创造性，最终实现医院发展与员工工作需求的双向目标。

（4）医院医疗管理。医院医疗管理是指医院医疗系统活动全过程中进行的组织、计划、协调和控制的管理活动，是医院管理的核心内容，是完成医疗任务的主要手段，是反映医院管理水平的中心环节，在医院管理各项工作中处于首要位置。

（5）医疗质量管理。医疗质量管理是遵循医院质量形成的规律，应用各种科学的方法，以保证和提高医院质量为目标，根据医院质量管理的信息，合理运用人力、物力、设备和技术等，为达到技术符合标准和规范、功能满足患者需求的质量目标的一系列活动。医疗质量是医院生存发展的生命线。

（6）医疗安全管理。医疗安全管理是指围绕医务人员在实施医疗行为、患者在接受医疗服务过程中不受任何意外伤害所进行的全部管理活动。

（7）医院信息管理。医院信息管理是指利用计算机软硬件技术、网络通信技术等现代化手段，对医院及其附属部门的人流、物流、财流进行综合管理，对医疗活动各阶段产生的数据进行采集、储存、处理、提取、传输、汇总、加工生成各种信息，从而为医院的整体运行提供全面的、自动化的管理。

（8）医院绩效管理。医院绩效管理是医院相关利益者，从社会效益、经济效益、医疗服务公平性和可及性、医疗质量、成本费用、医院发展等多维度对医院总体效益和业绩的分析。有效的绩效管理能够引导医院员工改进自己的行为，发挥主观能动性，提高工作绩效，全面提高医院的运行效率和服务水平。

（9）医院经济管理。医院经济管理是医院工作的重要组成部分，经济是医院工作的生命线。有效进行医院经济管理，对于增强医院参与市场竞争、提高医院管理水平、更新医院管理理念、保障医院健康发展具有重要的意义。

（10）医院后勤管理。医院后勤管理是指对医院支持保障服务的目标、计划、实施和评估等管理的科学。狭义医院后勤管理是特指对医院总务的管理。随着医疗卫生改革的不断深入和医疗卫生事业的不断发展，科学地管理医院后勤，才能为医院其他各项工作提供有效、安全、经济的后勤保障。

第四节 社区卫生服务管理

社区卫生服务是以政府为主导，以基层医疗卫生机构为主体，以人的健康为中心、家庭为单位、社区为范围，以满足城镇和乡村居民的基本卫生服务需求为目的，为广大群众提供疾病预防、诊断、治疗、护理和康复等为一体的，有效、经济、方便、综合、连续的公共卫生与基本医疗服务，是最基层的卫生服务。

第四章 拓展材料

一、社区卫生服务的基本特征

（1）以健康为中心。社区卫生服务以人的健康为中心，就必须从身体、心理和社会"三维"的角度看待健康问题。服务对象不是疾病的载体而是健康的受益者。在维护健康的过程中，社区卫生服务提供者从"整体人"的角度全面考虑服务对象的健康需求，了解患者的病理生理过程、心理过程及其完整的社会背景，有针对性地提供人格化的服务。社区卫生服务提供者的责任不仅仅在于个体健康的维持，还在于维护服务人群的健康，这就要求提供者有群体观念，实践应着眼于人群，根据服务对象的不同需要提供预防、医疗、保健、康复、健康教育和计划生育技术等服务。

（2）以人群为对象。社区卫生服务的对象涵盖了社区内的所有居民。这些居民可以分为健康人群、亚健康人群、高危人群（包括高危家庭的成员和具有明显的高危因素的人群）、重点保健人群（妇女、儿童、老年人、慢性病患者、残疾人、低收入居民）、患有某种疾病的人群。

（3）以家庭为单位。家庭是以婚姻和血缘关系为基础建立起来的一种社会生活群体，是社区的基本组成单位。家庭通过直接影响心理和生理的途径（如遗传、家族聚集性）及影响行为的途径来影响个人健康和疾病的发生、发展、治疗及转归。疾病不仅对患者本身生理、心理、社会功能产生影响，对患者的家庭也将产生较大的影响。以家庭为单位的照顾，要求社区卫生服务提供者掌握家庭生活周期理论，把握不同生活周期家庭面临的主要问题及其保健服务重点，把整个家庭作为一个服务对象，进行家庭评估，提供家庭服务、家庭咨询、家庭访问，采取家庭治疗。

（4）提供综合性服务。社区卫生服务就服务内容而言，包括健康教育、预防、保健、康复、计划生育技术服务和一般常见病、多发病的诊疗服务；就服务对象而言，分年龄、性别和疾患类型；就服务层面而言，涉及生理、心理、社会各个方面；就服务范围而言，覆盖个人、家庭和社区；就服务手段而言，主要采用适宜技术，充分调动社区资源利用一切对服务对象有利的方式与工具；就服务时间而言，包括了人生的各个阶段，从产前咨询开始，经过孕产期、新生儿期、婴幼儿期、少儿期、青春期、中年期、老年期直至濒死期；就疾病发生发展的过程而言，健康—疾病—康复的各个阶段，社区卫生服务对其服务对象提供不间断的一、二、三级预防保健，从健康促进、危险因素的监控，到疾病的早、中、晚期的长期管理。

二、社区卫生服务的原则

（1）坚持公益性质。社区卫生服务机构具有社会公益性质，属于非营利性医疗机构，政府给予相应的财政补助。政府对社区卫生服务的补助包括：按规定为社区居民提供公共卫生服务的经费，社区卫生服务机构的基本建设、房屋修缮、基本设备配置、人员培训和事业单位养老保险制度建立以前按国家规定离退休人员的费用等方面的投入和支出。政府举办的社区卫生服务机构享受上述补助，社会力量举办的社区卫生服务机构为社区居民提供公共卫生服务，按照有关规定享受政府公共卫生服务补助。区级和设区的市级政府承担社区卫生服务补助的主要责任，省级政府要按照基本公共卫生服务均等化的要求，安排必要的专项转移支付资金，支持困难地区发展社区卫生服务。

（2）坚持政府主导。社区卫生服务中心原则上按街道办事处范围设置，以政府举办为主。社会力量举办的卫生医疗机构，符合资质条件和区域卫生规划的，也可以认定为社区卫生服务中心，提供社区卫生服务。

（3）坚持实行区域卫生规划。社区卫生服务中心原则上按街道办事处范围设置，主要通过对现有一级、部分二级医院和国有企事业单位所属医疗机构等进行转型或改造设立，也可由综合性医院举办。社会力量举办的卫生医疗机构，符合资质条件和区域卫生规划的，也可以认定为社区卫生服务中心，提供社区卫生服务。街道办事处范围内没有上述医疗单位的，在做好规划的基础上，政府应当建设社区卫生服务中心，或引进卫生资源举办社区卫生服务中心。在人口较多、服务半径较大、社区卫生服务中心难以覆盖的社区，可适当设置社区卫生服务站或增设社区卫生服务中心。

（4）坚持因地制宜。由于我国东、中、西部社区卫生服务起步不同，发展水平不同，"一刀切"不利于社区卫生服务全面发展，应依据各地特点因地制宜，探索创新，积极推进。

三、社区卫生服务的任务

（1）社区预防。包括预防接种、社区卫生诊断、传染病疫情报告和监测、重大传染病预防、健康档案管理、爱国卫生指导等。

（2）社区保健。包括妇女保健、儿童保健、老年保健等。

（3）社区医疗。包括慢性病筛查和重点慢性病病例管理，社区现场救护，多发病、常见病的诊疗，精神病病人的管理和转诊服务等。

（4）社区康复。包括残疾康复、疾病恢复期康复等。

（5）社区健康教育。包括卫生知识普及、重点人群与重点场所健康教育等。

（6）社区计划生育。包括发放避孕药具、计划生育技术服务与咨询指导等。

四、社区卫生服务的基本工作内容和工作方法

（一）社区卫生服务机构功能

社区卫生服务是城市卫生工作的重要组成部分，是实现人人享有初级卫生保健目标的基础环节。大力发展社区卫生服务，构建以社区卫生服务为基础，社区卫生服务机构与医院和预防保健机构分工合理、协作密切的新型城市卫生服务体系，对于坚持预防为主、防治结合的方针，优化城市卫生服务结构，方便群众就医，减轻费用负担，建立和谐医患关系具有重要意义。社区卫生服务机构包括社区卫生服务中心、社区卫生服务站，具有社会公益性质，属于非营利性医疗机构。为规范我国社区卫生服务机构的建设，2006年，原卫生部和国家中医药管理局制定并发布了《城市社区卫生服务中心基本标准》和《城市社区卫生服务站基本标准》，对基本设施、人员配备、科室设置做了相关规定。社区卫生服务中心原则上按街道办事处范围设置，以政府举办为主。在人口较多、服务半径较大、社区卫生服务中心难以覆盖的社区，可设社区卫生服务站或增设社区卫生服务中心。人口规模大于10万人的街道办事处，应增设服务中心。人口规模小于3万人的街道办事处，其社区卫生服务机构的设置由区县政府卫生行政部门确定。新建社区，可由所在街道办事处范围的社区卫生服务中心近增设社区卫生服务站。

社区卫生服务中心主要通过对现有一级、部分二级医院和国有企事业单位所属医疗机构等进行转型或改造设立，也可由综合性医院举办。街道办事处范围内的一级医院和街道卫生院，按照《城市社区卫生服务机构设置和编制标准指导意见》（简称《指导意见》）的标准，直接改造为社区卫生服务中心。人员较多、规模较大的二级医院，可按《指导意见》的标准，选择符合条件的人员，在医院内组建社区卫生服务中心，实行人事、业务、财务的单独管理。社会力量举办的卫生医疗机构，符合资质条件和区域卫生规划的，也可以认定为社区卫生服务中心，提供社区卫生服务。街道办事处范围内没有上述医疗单位的，在做好规划的基础上，政府应当建设社区卫生服务中心，或引进卫生资源举办社区卫生服务中心。

经政府卫生行政部门登记注册并取得《医疗机构执业许可证》的社区卫生服务机构使用本标识，其他任何机构不得使用。社区卫生服务机构标识的使用范围包括：社区卫生服务机构牌匾、灯箱、标牌、旗帜、文件、服饰、宣传栏、宣传材料、办公用品、网页等。

（二）社区卫生服务内容和工作方法

为贯彻落实《指导意见》，加强对城市社区卫生服务机构的管理，根据有关法律、法规，原卫生部和国家中医药管理局于2006年6月制定并印发了《城市社区卫生服务机构管理办法（试行）》。根据《城市社区卫生服务机构管理办法（试行）》，社区卫生服务职能包括提供公共卫生服务和基本医疗服务。

1. 公共卫生服务

（1）卫生信息管理。根据国家规定收集、报告辖区有关卫生信息，开展社区卫生诊断，建立和管理居民健康档案，向辖区街道办事处及有关单位和部门提出改进社区公共卫生状况的建议。

（2）健康教育。普及卫生保健常识，实施重点人群及重点场所健康教育，帮助居民逐步形成利于维护和增进健康的行为方式。

（3）传染病、地方病、寄生虫病预防控制。负责疫情报告和监测，协助开展结核病、性病、获得性免疫缺陷综合征、其他常见传染病及地方病、寄生虫病的预防控制，实施预防接种，配合开展爱国卫生工作。

（4）慢性病预防控制。开展高危人群和重点慢性病筛查，实施高危人群和重点慢性病病例管理。

（5）精神卫生服务。实施精神病社区管理，为社区居民提供心理健康指导。

（6）妇女保健。提供婚前保健、孕前保健、孕产期保健、更年期保健，开展妇女常见病预防和筛查。

（7）儿童保健。开展新生儿保健、婴幼儿及学龄前儿童保健，协助对辖区内托幼机构进行卫生保健指导。

（8）老年保健。指导老年人进行疾病预防和自我保健，进行家庭访视，提供针对性的健康指导。

（9）残疾指导。残疾康复指导和康复训练。

（10）计划生育。指导技术咨询指导，发放避孕药具。

（11）协助功能。协助处置辖区内的突发公共卫生事件。

（12）其他公共卫生服务。政府卫生行政部门规定的其他公共卫生服务。

2. 基本医疗服务

社区基本医疗服务包括：一般常见病、多发病诊疗、护理和诊断明确的慢性病治疗；社区现场应急救护；家庭出诊、家庭护理、家庭病床等家庭医疗服务；转诊服务；康复医疗服务；政府卫生行政部门批准的其他适宜医疗服务。同时，社区卫生服务机构应根据中医药的特色和优势提供与上述公共卫生和基本医疗服务内容相关的中医药服务。

3. 社区卫生服务工作方法

社区卫生服务工作方法以多种方式并存，形式灵活，经济方便。

（1）机构内服务。在社区卫生服务中心或站为居民提供卫生服务。其中门诊服务是最主要的社区卫生服务方式。此外，社区卫生服务机构还可提供日间住院、日间照顾服务，包括"护理院"和"托老"等服务。部分有条件的社区卫生服务机构可提供临终关怀服务及姑息医学照顾。

（2）上门服务。包括主动上门服务和被动上门服务。主动上门服务一般是根据预防保健随访工作或者保健合同要求，如产后访视。被动上门服务是应居民的要求上门，如出诊家庭病床和家庭护理。

（3）急诊、急救服务。社区卫生服务机构能够提供社区现场应急救护、院前急救，及时高效地帮助患者协调利用当地急救网系统。

（4）社区责任医师制。由一名或数名社区卫生服务人员，为一个或数个固定的居民小区提供公共卫生服务或基本医疗服务。

（5）电话、网络咨询服务。通过电话、网络咨询服务，为居民提供健康指导和心理咨询等服务。

（6）双向转诊服务。是根据病情需要而进行的上下级医院间、专科医院间或综合医院与专科医院间的转院诊治的过程。它有纵向转诊、横向转诊两种形式。纵向转诊，即下级医疗对于超出本院诊治范围的病人，或在本院确诊、治疗有困难的病人转至上级医院就医；反之，上级医院对病情得到控制后相对稳定的病人，亦可转至下级医院继续治疗。横向转诊，即综合医院可将病人转至同级专科医院治疗，专科医院亦可将出现其他症状的病人转至同级综合医院处置。同样，不同的专科医院之间也可进行上述转诊活动。社区首诊和双向转诊制是联系在一起的。双向转诊是建立和完善分级医疗体制中最为重要的一环，是发展社区医疗卫生服务不可缺少的。通过双向转诊，实现"小病在社区，大病到医院，康复回社区"的目标。社区卫生服务在实践过程中还可探索适合本社区特点的服务方式，如有偿合同契约式服务、医疗器具租赁服务、承包制服务等。

五、社区卫生服务的意义

（1）有利于卫生事业适应社会需求。卫生事业的发展有多方面内容，其中适应社会需求是最重要的一个方面。由于人口数量和人口结构的变化，影响人民健康水平的主要疾病谱的变化，居民人均收入和教育水平的提高，使得人们对卫生服务的需求也发生了很大的变化。人们普遍期望能就近、方便地得到卫生服务。

（2）有利于优化配置卫生资源。我国目前卫生服务的社会需求大部分在基层，即卫生服务的社会需求呈"正三角形"的分布。但是，我国大部分的卫生资源却配置在城市和较大的医疗卫生机构，使卫生资源的配置呈"倒三角形"；显然，这是一种不合理的配置状态。开展社区卫生服务，可以引导卫生资源从上层向基层的流动，使卫生资源的配置与需求相对应，变"倒三角形"为"正三角形"，改善卫生资源配置效益。

（3）有利于阻止医药费用的不合理增长。我国目前医药费不合理上涨的重要原因之一是：本应在社区解决的医疗卫生问题，被吸引到了城市上层机构，特别是大医院，使大医院做了许多应是小医院或社区做的事情，技术效率不能充分发挥；同时造成了消费者直接费用和间接费用的增加。社区卫生服务是卫生费用控制的重要环节，全科医生则是控制医疗费用的守门人。

（4）有利于加强预防战略。由于医学模式、疾病谱、死亡谱已经发生了变化，特别是慢性非传染性疾病的预防，社区自始至终地给以监测、管理和及时必要的服务，这是落实预防措施最关键的环节。

（5）是实现"人人享有卫生保健"的基础。世界卫生组织指出，21世纪人人健康的总目的是提高卫生的公平性，确保所有人群利用可持续的卫生系统和服务，使所有人获得更长的期望寿命和提高生活质量。因此，开展社区卫生服务，提高人民群众的生活质量，实现人人享有与社会经济发展相适应的保健服务，是大势所趋。

（6）是转变医学模式的最佳途径。从生物医学模式转变为生物—心理—社会医学模式，是全球医学发展的大趋势，医生深入社区和家庭，一言一行都脱离不了群众和病人的生理和心理、家庭和社会的各种信息。全科医生不仅需要学习生物医学知识，还必须学习心理学、行为科学、社会医学、公共关系学、卫生经济学、医学法学、预防医学、健康教育学、康复医学等知识和技能，与医学模式转变是相一致的。

第四章 练习题

健康服务与管理导论

第五章

健康服务与管理的方法学

 学习目标

1. 掌握：健康教育与健康促进的概念；健康管理学方法的特点。

2. 熟悉：健康教育计划设计的基本程序；健康促进的活动领域；健康管理学的基本方法。

3. 了解：健康教育与健康促进之间的关系；健康管理方法的应用。

健康管理的理念和实践起源于20世纪80年代的美国,与其他学科和行业一样,它以人类知识和经验的积累为基础,为应对和满足人类的健康需求而产生。健康服务与管理学研究方法是支持健康管理发展的必要条件,其研究方法涉及多学科的研究方法,本章概要介绍健康教育与健康促进、健康管理研究方法及相关学科研究方法。

第一节 健康教育与健康促进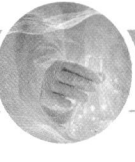

一、健康教育

世界卫生组织将健康教育(health education)定义为:旨在帮助对象人群或个体改善健康相关行为的系统的社会活动。健康教育的特定目标是改善对象的健康相关行为。健康教育的干预活动应以调查研究为前提;健康教育的干预措施是健康信息传播。健康教育是包含多方面要素的系统活动,健康教育的首要任务是致力于疾病的预防控制,进而也帮助病人更好地治疗和康复,同时努力帮助普通人群积极促进健康水平。

(一)健康教育的功能与分类

行为与生活方式是人类健康和疾病的主要决定因素之一。因此在疾病预防控制工作中,健康教育和免疫规划被一道并列为最重要的主动健康保护措施。健康教育的主要任务与功能:使人们有效地预防、减少、推迟高血压、糖尿病等各种慢性非传染性疾病的发生,有效降低医疗费用支出;有效地控制传染病的传播与流行;帮助个体和群体掌握卫生保健知识和技能,树立健康观念,自愿采纳有利于健康的行为和生活方式;促进健康素养的发展,提高人们自我健康管理和有效利用医疗服务的能力,满足日益增长的不同健康服务的需求。

健康教育可分为专业性健康教育工作和普及性健康教育工作。专业性健康教育工作主要由医疗卫生机构中的公共卫生医师承担;普及性健康教育工作主要由担负基本公共卫生服务任务的基层卫生工作者和社区社会工作者承担。

(二)健康教育的特点

(1)健康教育是以卫生宣教为基础发展起来的。我国当前的健康教育是在过去卫生宣教的基础上发展起来的,现在健康教育的主要措施仍可称为卫生宣教。但相较卫生宣教,健康教育明确了自己特定的工作目标——促使人们改善健康相关行为,从而防治疾病、增进健康,而不是仅仅作为一种辅助方法为卫生工作某一时间的中心任务服务；同时，健康教育不是简单的、单一方向的信息传播，而是既有调查研究又有干预、有计划、有组织、有评价的、涉及多层次多方面对象和内容的系统活动；另外，健康教育在融合各医学及相关学科，如行为科学、社会学、心理学、传播学、管理科学等多个学科，已经积累了相当丰富的知识，逐步形成了自己的理论和方法体系。

（2）健康教育在健康服务与管理工作中处于重要地位。健康教育通过改善人们的健康相关行为来防治疾病，促进健康和提高生命质量。当前人类面临众多缺少生物学预防手段和治愈方法的疾病，如以高血压、糖尿病等为代表的慢性非传染性疾病和以艾滋病为代表的传染病，这些疾病与人类行为关系密切，健康教育是预防和控制这些疾病最经济、有效的方法，因而在医疗卫生工作中处于非常重要的地位。

（3）健康教育也是一种工作方法。健康教育对人们的健康相关行为及其影响因素调查研究的方法及健康教育干预方法、评价方法，已经被广泛应用于健康管理学、预防医学、临床医学和医学相关学科等领域。参与其他卫生工作领域的活动或为其提供相关技术支持，则是健康教育另一方面的任务。

（三）健康教育规划设计的基本程序

健康教育规划设计的模式包括项目设计的基本要素和设计的程序，是规划设计的框架结构。具体内容如下：

（1）社区需求评估。在制订规划时应调查社区需要我们解决什么？哪些问题能通过健康教育干预得到解决？目前应优先解决的健康问题是什么？这就需要从分析社区生命质量和健康状况入手，由健康教育诊断做出评估。

（2）优先项目的确定。社区的需求通常是多方面、多层次的。很多需求往往互相关联，确定优先项目解决一项优先的需求可以带动多个问题的解决。

（3）确定规划目标。在制订社区健康教育规划时首先要有明确的目标，包括总体目标和具体目标。计划的总体目标是规划的最终结果，是规划的一个努力方向，是一个宏观的目标。规划的具体目标可以用 5 个英文字母"SMART"来表示，具体的（special）、可测量的（measurable）、可完成的（achievable）、可信的（reliable）、有时间的限制（time bound）。具体地说，规划目标可以归纳成 4 个"W"和 2 个"H"。即：对谁（Who）、实现什么变化（发病率、行为、信念）（What）、在多长时间实现这种变化（When）、在什么范围内实现这种变化（Where）、变化程度多大（How much）、如何测量这种变化（How to measure）。

（4）目标人群的确定。根据与目标行为的关系将目标人群分为三级。一级目标人群是希望项目实施行为改变的人群，如慢性病患者等。二级目标人群是对一级目标人群有重要影响的人群，如一级目标人群的亲属等。三级目标人群是行政决策者、经济资助者和其他对计划成功有重要影响的人。某些疾病防治计划中，可根据生理状况、从事危害健康行为的程度等分为：高危人群、重点人群和一般人群。

(5)干预策略的确定。根据项目目的（目标）、对象人群特征、环境条件和可得资源等情况选择最佳的干预途径、干预方法及其时间、空间和人群。策略制定应该充分运用健康教育行为改变理论。干预策略一般分为教育策略、社会策略、环境策略及资源策略四类。

(6)确定干预场所。教育场所在健康教育项目中所起的作用是十分重要的。一般来说，干预场所可以分为教育机构、卫生机构、工作场所、公共场所、居民家庭等。

(7)确定干预日程。日程包括准备、执行和总结阶段。如相关方材料的准备，预实验、人员培训、方案完善，监测与评价计划执行，整理分析材料和数据等。

第五章　拓展材料

(8)健康教育评价。包括形成评价、过程评价、效果评价和总结评价。

二、健康促进

世界卫生组织对健康促进（health promotion）的定义是"促使人们维护和提高他们自身健康的过程，是协调人类与环境的战略，它规定个人与社会对健康各自所负的责任"。这个定义把健康促进提升到人类健康和医学卫生工作战略高度，对于疾病的预防和控制工作具有深远的影响。在这个定义之前，著名健康教育学家Green和Kreuter（1991）等人曾给健康促进下了这样的定义，"健康促进指一切能促使行为和生活条件向有益于健康改变的教育和环境支持的综合体"。在这个定义里，健康促进被总结成一个指向行为和生活条件的综合体，即健康促进=健康教育+环境支持。此外，世界卫生组织西太区办事处发表《健康新视野》（*New Horizons in Health*，1995），提出"健康促进指个人与其家庭、社区和国家一起采取措施，鼓励健康的行为，增强人们改进和处理自身健康问题的能力"。在这个定义中，健康促进旨在改进健康相关行为的活动。此外，对健康促进存在着广义和狭义的理解。将健康促进视为当前防治疾病、增进健康的总体战略，这是广义的理解；将健康促进视为一种具体的工作策略或领域，这是狭义的理解。在实践中，广义和狭义的理解都是有意义的。

（一）健康促进的5个活动领域

首届国际健康促进大会上通过的《渥太华宣言》（*Ottawa Charter for Health Promotion*，1986）指出：健康促进是一个综合的社会政治过程，它不仅包含了加强个人素质和能力的行动，还包括改变社会、自然环境以及经济条件，从而削弱它们对大众及个人健康的不良影响。《渥太华宣言》将以下5个方面的活动列为优先领域。

(1)建立促进健康的公共政策。促进健康的公共政策多样而互补，包括政策、法规、财政、税收和组织改变等。由此可将健康问题提到各级各部门的议事日程上，使之了解其决策对健康的影响并需承担健康责任。

（2）创造健康支持环境。创造安全、舒适、满意、愉悦的工作和生活条件，为人民提供免受疾病威胁的保护，促使人们提供增进健康的能力和自立程度。环境包括人们的家庭、工作和休闲地、当地地区，还包括人们获取健康资源的途径。这需要保护自然和自然资源。营造健康的支持环境有很多要素，例如：政治行为，发展和完善有助于营造该种环境的政策法规；经济行动，尤其是鼓励经济的可持续发展。

（3）加强社区行动。发动社区力量，利用社区资源，形成灵活体制，通过增进自我帮助和社会支持，提高解决健康问题的能力。确定健康问题和需求是社区行动的出发点，社区群众的参与是社区活动的核心。这要求社区群众能够连续、充分地获得卫生信息、学习机会以及资金支持。

（4）发展个人技能。通过提供健康信息和教育来帮助人们提高做出健康选择的能力，并支持个人和社会的发展。由此可使人们更有效地维护自身健康和生存环境。学校、家庭和工作场所均有责任在发展个人技能方面提供帮助。

（5）调整卫生服务方向。卫生部门不应仅仅提供临床治疗服务，而应该将预防和健康促进作为服务模式的一部分。卫生研究和专业教育培训也应转变，要把完整的人的总需求作为服务对象。卫生服务责任应由个人、卫生专业人员、社区组织、卫生机构、商业部门和政府共同来承担。

（二）健康促进在健康管理中的应用

健康促进在健康管理中得到充分的贯彻，下面仅以健康体检中心和慢性病社区管理为例，简要介绍健康促进在健康管理中的应用。

（1）健康体检中心的应用。健康体检中心的从业人员均要进行岗前培训与定期考核，具备健康管理能力；健康体检流程包括进行风险评估，根据不同健康状况和需求制定体检项目；体检过程中能进行全面的健康评估，了解体检者的生活方式，结合家族史、既往史与现有症状体征，综合判断存在的健康问题和危害健康的行为，增加具有针对性和前瞻性的检查项目；体检完成后通过健康教育手段帮助体检者了解促进健康的基本知识如个人卫生、营养、精神心理卫生知识。

（2）社区慢性病管理中的应用。主要针对高血压、糖尿病等慢性疾病开展形式多样的健康促进活动。如健康教育专栏是指设置固定的健康教育宣传栏，语言通俗易懂，并定期更换；发放健康教育处方和宣传单；定期健康教育讲座、播放健康教育录像；通过分组小课或问答的形式进行教育；个体化的健康指导等有针对性的卫生宣传资料。

三、健康教育与健康促进的关系

健康教育与健康促进密不可分。健康教育必须以健康促进战略思想为指导，健康教育欲改善人们的行为需要健康促进的支持；健康促进框架包含了健康教育，而健康教育是健康促进战略中最活跃、最具有推动作用的领域。

（一）健康教育需健康促进的指导和支持

健康教育的工作目标是改善人们的健康相关行为。由于人类行为极其复杂，受到多方面因素的影响，仅靠健康信息传播不足以实现这一目标，行为的改善还需要一定的环境条件。我国健康教育工作者早在 20 世纪 90 年代初出版的《健康行为学》中就分析并指出了这一点。所以健康教育干预不能仅仅是卫生知识宣传，而必须是一种系统的社会活动。因此，健康促进要求全社会承担健康职责、参与健康工作的思想和其 5 个活动领域、3 项基本策略（倡导、赋权、协调）为健康教育提供了指导和支持，为健康相关行为的改善提供了保障。

（二）健康促进需健康教育来推动和落实

健康促进战略及其 5 个领域的活动的开展，不能凭空实现。公共卫生和医学必须依靠健康教育的具体活动，来推动健康促进战略的实施及其目标的实现；离开了健康教育，公共卫生和医学工作者谈论健康促进只能是一纸空文。制定有利健康的公共政策涉及社会领导群体的行为，加强社区行动涉及社区领袖和社区成员的行为，调整卫生服务方向涉及卫生系统成员和管理群体的行为，创造健康支持环境则需要依靠全体社会成员的行为变化。基于此，健康教育的对象在这个意义上由笼统的群体细分为多种类型，也促使健康教育的认识、策略和方法得以深化发展。

因此，健康促进战略的明确和实施，为健康教育的进步提供了机遇并提出了挑战。健康教育不能脱离健康促进，健康促进也不能没有健康教育。健康教育的首要任务是通过改善人们的健康相关行为从而致力于疾病防治。实践中，疾病防治关注的焦点已经从疾病控制转向危险因素控制，人们也已认识到一级预防优于二级预防、全人群策略优于高危人群策略、综合的危险因素干预优于单个危险因素干预。这些变化都呼唤健康教育发挥更大作用，并对健康教育的理论和方法提出了新的、更高的要求。

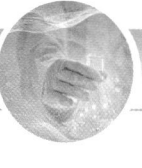

第二节　健康管理学的研究方法

健康管理学研究方法是支持健康管理学发展的必要条件，也是其逐渐成熟的重要标志。健康管理学研究方法和方法学是多学科研究方法的集成与创新，主要包括相对危险量化评估方法、绝对危险量化评估方法和中医辨证施治方法。健康管理涉及的学科范围广泛，健康管理相关学科的研究方法众多，本章概要介绍社会学、管理学、流行病学、循证医学、信息管理等相关学科的研究方法。

一、健康管理学研究方法的特点

任何一项研究都离不开方法的支撑，不存在没有研究方法的科学研究。没有研究方法，其研究就成了无源之水、无本之木，就不是真正的研究。想要做好研究工作，取得一定研究成果，必须使用一定的研究方法。因此，健康管理学研究主题是健康，涉及临床医学、康复医学、心理学等多个学科领域，且随着健康管理学的快速发展，不断有新问题、新观点、新技术出现。因此，健康管理学研究方法具有综合性、动态性和独特的创新性等特点。

二、健康管理学研究方法的作用

健康管理学是涉及医学、管理学等的交叉学科，其性质和特点决定了研究方法与相关学科具有相似性和共同性。健康管理是对健康危险因素进行全面检测、评估和干预的活动过程，这使得健康管理具有自己的独特性。

健康管理学研究方法是为了高效有序进行群体和个体健康管理研究与实践、提供科学的研究方法和正确的理论指导。通过理论性和基础性的研究，获得有关健康管理的基本知识；通过针对群体或个体的实际健康问题而进行具体研究，为解决这些问题提供思路与方法。在实际的研究中，理论研究与实际研究是必不可少的。健康管理学方法为健康管理理论研究和实践研究提供了相应的研究方法，从而指导健康管理学的发展。

三、健康管理学的研究方法与应用

健康管理学综合运用了各学科的研究方法，同时针对自身学科的研究特点，突出了本学科的特色。较为重要的健康管理学研究方法主要有相对危险量化评估方法、绝对危险量化评估方法、中医辨证施治方法。

（一）相对危险量化评估方法

相对危险性反映的是相对于一般人群危险度的增减量。相对危险度表示的是与人群平均水平相比，危险度的升高或降低。人群平均危险度可以来自一个国家或一个地区按照年龄和性别统计的死亡率表。

1. 健康危险因素评估所需资料

（1）当地性别、年龄别的疾病死亡率。这些资料可以通过死因登记报告、疾病检测等途径获得，也可通过回顾性调查获得。相对危险评估要阐述疾病的危险因素与发病率及死亡率间的数量联系，选择疾病及有关的危险因素作为研究对象，对取得结论及合理解释非常重要。

（2）个人健康危险因素。需要收集有关个人的危险因素，可以分为下列5类，① 行为生活方式：吸烟、饮酒和体力活动等；②环境因素：经济收入、居住条件、家庭关系、生产环境、心理刺激和工作紧张程度等；③生物遗传因素：年龄、性别、种族、身高、体重、疾病遗传史等；④医疗卫生服务：是否定期体格检测、X射线检测、直肠镜检查、乳房检查等；⑤疾病史：应详细了解个人的患病史、症状、体征及相应检查结果，包括个人疾病史、婚姻与生育情况（初婚年龄、妊娠年龄、生育胎教等）、家庭疾病史（家庭中是否有人患冠心病、糖尿病、乳腺癌、直肠癌、高血压以及精神类疾病等）。

2. 计算危险分数的有关资料

将危险因素转换成危险分数是评估危险因素的关键步骤，只有通过这种转换才能对危险因素进行定量分析。危险分数是根据人群的流行病学调查资料，如各危险因素的相对危险度和各种危险因素在人群中的发生率，应用一定数理统计模型，如logistic回归模型、综合危险因素模型等计算得到。还可以采用经验评估方法，邀请不同专业的专家，参照目前病因学与流行病学研究结论，对危险因素与死亡率之间联系的密切程度，提出将不同水平的疾病存在危险因素转换成各个危险分数的指标。

3. 健康危险因素评估具体步骤

（1）收集个人危险因素资料。一般采用自填式问卷调查法，辅以一般体格检查、实验室检查等手段获得。需收集的危险因素资料，除个人行为生活方式、环境因素、生物遗传因素和卫生保健方面以外，还应调查原有疾病史、家族史、婚姻生育史等。

（2）收集当地年龄别、性别、疾病及死亡率资料。可通过死因登记报告、疾病检测或死亡回顾调查获得。该资料作为同年龄别、同性别死亡率的平均水平，在评价时作为比较的标准。

（3）将危险因素转换成危险分数。这是进行危险因素评价的关键步骤。当危险因素相当于平均水平时，危险分数等于1.0，也即危险分数为1.0时，个人发生某病死亡的概率大致相当于当地死亡率的平均水平；当危险因素超过平均水平时，危险分数就越大，个人死于某疾病的概率也越大。反之，危险因素低于平均水平，危险分数就小于1.0，个人死于某病的概率则小于当地平均死亡率。

危险分数的换算一般采用两种方法，一是根据危险因素与死亡率间存在着的函数关系，用多元回归分析法计算出两者间的相关值；二是邀请专家，确定经验指标和评分。

（4）计算组合危险分数。与死亡原因有关的危险因素只有一项时，组合危险分数即是该危险因素的危险分数。当危险因素有多项时，其计算方法为：① 将危险分数大于1.0的各项分别减去1.0后剩下的数值作为相加项分别相加；② 小于或等于1.0的各项危险分数值作为相乘项分别相乘；③ 将上述两数值相加即得到该死亡原因的组合危险分数。

（5）存在死亡危险。存在死亡危险说明在某一种组合危险分数下，死于某病的可能危险性，其值为平均死亡概率与组合危险分数之乘积。

（6）计算评价年龄。评价年龄是根据年龄与死亡率之间的函数关系，按个体所存在的危险因素，计算被评价者总的死亡危险，通过查阅健康评价年龄表所得出的年龄。

（7）计算增长年龄。增长年龄是针对个体已存在的危险因素，提出消除危险因素的有关措施后，该个体可能达到的年龄。

（8）计算危险降低程度。危险降低程度所表明的是，若按医生建议消除了目前所存在的危险因素后，危险可以降低的程度。

（二）绝对危险量化评估方法

绝对危险评估以队列研究为基础构建，主要运用流行病学研究方法估计将来若干年内患某种疾病的可能性，用来评估多个危险因素对疾病的效应。

目前，在疾病防治方面，国外研究者已经转向在疾病绝对危险的基础上搭建新的疾病危险沟通工具。例如：Grover等建立了评估患者"心血管年龄"的新的危险沟通工具，该模型以每年致死性脑卒中、冠心病和非心血管疾病的死亡危险为基础评估个体的期望寿命，并与同性别、同年龄个体的评价期望寿命进行比较，计算出与期望寿命的差值，称之为年龄裂痕，实际年龄加上或减去该年龄差就得到"心血管年龄"。

（1）概率评估法。是以某事故发生概率计算为基础的方法，如事故数和事件数的评估方法。

（2）数学模型计算评估。主要是应用软件来实现。如Grover等建立了评估患者"心血管年龄"的新的危险沟通工具。

（三）中医辨证施治方法

对疾病危险因素的干预策略和对疾病发生、发展过程的掌握是健康管理的基础。现代医学认为，人从健康到疾病包括健康、亚健康和疾病三个过程，而中医学则将其分为未病、欲病和已病三个阶段。中医的"治未病"体系则针对这些阶段分别提出了"未病先防""既病防变"和"瘥后防复"的理论与实践，从而实现增进与维护健康、提高生命质量的目的。

（1）未病先防。指在未病之前积极采取各种措施，增强机体的正气，提高其抵御邪气的能力、防止疾病的发生。

（2）既病防变。指在治疗过程中，把握有利时机，早诊断早治疗，防止疾病向严重复杂的方法发展。

（3）瘥后防复。疾病初愈，虽然症状消失，但此时邪气未尽，正气未复，气血未定，阴阳未平，若调摄不当，则可助邪伤正，使正气更虚，余邪复盛，引起疾病复发或留后遗症。

四、健康管理相关学科的研究方法与应用

（一）社会学研究方法

社会学在健康管理研究中有非常广泛的应用。社会学研究方法为健康管理研究提供基础的研究方法，其定性研究方法成为定量研究的有效补充手段。社会学研究调查从社会的角度来分析疾病的发生和发展，展示健康的规律。

（1）文献研究法。该方法是一种利用已有的研究资料进行研究的方法。文献研究法优点是能减少各种原因所致的统计效能不佳和单个研究容易出现的系统误差等，有效提高文献资料的利用率及文献研究结果的价值。

（2）比较研究法。此方法是指对两个或两个以上的事物或对象加以对比，以找出它们之间的相似性与差异性的一种分析方法。

（3）实地研究法。此方法是指不带有理论假设而直接深入社会生活中，采用观察、访问等方法去收集基本信息或原始资料，从第一手资料中得出特殊性结论的方法。

（4）访问研究法。此方法亦称访谈法，是访问者通过口头交谈等方式向被访问者了解社会事实情况的方法。访问的过程实际上是访问者与被访问者面对面的社会互动过程。

（5）现场调查研究法。现场调研是健康管理最常见的研究方法之一，一般分为描述性研究和分析性研究。

（6）实验研究法。社会学实验研究也称实验调查法，是实验者有目的、有意识地通过改变某些社会环境的实践活动来认识实验对象的本质及其发展规律的方法。

（二）管理学研究方法

是运用管理学的知识，进行健康监测、评估和干预、维护健康的基本方法。

（1）历史研究法。此方法是运用管理理论与历史的实践文献，全面参考管理的历史演变、重要的管理思想和渊源，从中找出规律性的东西，寻求对现在仍有意义的管理原则、方式和方法。

（2）比较研究法。此方法是科学研究中一种常用的研究方法。它寻找事物之间的异同，分辨出其一般性和特殊性，留下值得借鉴的事物。

（3）案例分析法。此方法是指在学习研究管理的过程中，通过对典型案例的分析，总结出管理的经验、方法。

(三)流行病学研究方法

流行病学研究方法是健康管理的重要手段的工具,流行病学研究结果是健康管理的重要依据。在健康危险评估过程中计算相对危险度、归因危险度等指标,得出疾病与危险因素的关联强度。

(1)现况研究。此方法也称横断面调查,是指在某一特定时间对某一特定范围的人群,以个人为单位收集和描述人群的特征以及疾病或健康状态的分布。

(2)病例对照研究。此方法的基本原理是以患有某病的病人作为病例组,以不患该病者作为对照组,通过询问、实验室检查或复查病史等,调查了解两组人群既往暴露史,并进行比较。若两组研究因素暴露比例的差异有统计学意义,则可认为该因素与疾病之间存在着一定的关联,并可进一步估计关联强度。

(3)队列研究。此方法亦称定群研究。研究开始时已经掌握各研究对象中某研究因素的情况,随访一定时期,在此期间或之后,通过检查或监测,了解疾病或死亡的发生情况。

(4)实验性研究。此方法是以一定的假设为基础,通过一个或多个变量的变化来观察这些变量对另一个或一些变量产生的效应的一种研究方法。实验主要目的是建立变量之间的因果关系。根据不同的研究目的和研究对象,实验性研究可分为临床试验和社区试验。

(四)循证医学研究方法

循证医学(evidence-based medicine,EBM)是指医疗决策应将个人的临床专业知识与现有的最佳研究证据、患者的选择结合起来进行综合考虑,从而做出最佳医疗决策。广泛用于健康管理研究成果的探寻、评价、发掘等方面(见第三章)。

(1)提出明确的临床问题。临床实践中常需要了解有关特定患者诊断、预后及处理方面的新信息以帮助科学决策。由于时间有限,要求医师快速地形成恰当的问题,以便在短时间内完成证据检索。

(2)搜索文献寻找最佳证据。根据特定的临床问题,确定恰当的研究类型,再根据相应证据的分级选择恰当的数据库,制订检索策略进行检索。

(3)对证据进行严格的评价。在将检索到的证据应用于个体患者前,需要对收集的证据的真实性、可靠性及与该患者的相关性进行评价。

(4)应用证据进行临床实践。证据有助于患者获得更好的诊治,降低不良反应的发生,但需要医生综合考虑以往经验、患者所处的临床环境和其本人的意愿。

(5)评估效果和效率以便改进和提高。对实践后的结果不管是成功还是不成功的经验或教训,临床医生都应进行具体分析和评价,达到改进、增进学术水平和提高医疗质量的目的。

（五）信息管理学研究方法

信息管理学是一个建立在数学、管理学、信息科学与技术的基础上，涉及多个学科和多领域的综合性学科。宏观全面地了解人类社会信息管理活动的客观规律，掌握信息管理的基本理论和方法。信息管理学作为健康管理学的重要研究方法，保证采集的内容客观反映服务对象的实际情况，不断适应信息化条件下健康管理需求，丰富健康管理的研究手段与管理方法成为促进健康管理发展的重要形式。

（1）实验研究法。此方法是研究者通过一定手段来改变观察环境中的某个或某几个变量，观察这些变量对其他变量的影响，以确定变量间相互关系的研究方法。实验研究的目的是确认独立变量与从属变量间的因果关系，从而解释客观事物间的关系和客观现象，属于解释性研究方法。

（2）社会调查法。此方法是以对客观情况进行真实描述为目的，即描述某个或某些变量的特征分布或变化状态，而表示解释变量的相互关系或确认因果关系。社会调查法被用来发现和确立变量间的关联关系。

（3）观察研究法。此方法是指对人们的自然行为进行科学研究以揭示这些行为的客观规律的研究方法。

（4）大数据研究法。健康管理离不开大数据支持，此方法通过对不同地区人群的健康数据进行分析和挖掘，可得出不同地区、人群的健康差异，并以此构建个性化、地区化的健康评估模型，制定科学的防病、治病方法以及愈后标准。

 电子资源—练习题

第五章　练习题

健康服务与管理导论

第六章

健康风险评估与健康管理策略

 学习目标

1. 掌握：健康危险因素的识别以及健康风险评估的基本原理；健康管理的概念、特点和方法，健康行为与生活方式管理，疾病管理，综合的人群健康管理。

2. 熟悉：常用的健康风险评估方法和结果的解释；健康需求管理，灾难性病伤管理，残疾管理。

3. 了解：健康风险评估在健康管理中的应用；健康管理的起源、发展、实践和应用。

第一节　健康风险评估

健康风险评估（health risk appraisal, HRA），也称为健康危害评估，是一种分析方法或工具，用于描述或估计某一个体未来可能发生某种特定疾病或因为某种特定疾病导致死亡的可能性。这种分析的目的在于估计特定事件发生的可能性，而不在于做出明确的诊断。HRA 发展的概念，在于看起来健康而且没有任何病状的人，可能因为具有某些潜在风险因子而有导致发病或死亡的可能性；若是能够将这些潜在的风险因子鉴定出来，并且加以消灭或控制的话，即可达到预防的效果或者延迟发病的时间。简单地说，健康风险评估是一种以广大基础的流行病学数据与个人数据进行比较以推测个人患病或死亡风险的运算过程。

健康危险因素（health risk factors）是指在机体内外环境中存在的与疾病发生、发展及死亡有关的诱发因素，即导致疾病或死亡发生可能性增加的因素。根据现代医学模式，即生物—心理—社会医学模式，健康危险因素可以归类为环境因素（如自然环境因素、社会环境因素）、心理因素、生物遗传因素、行为生活方式因素（如吸烟、酗酒、不合理膳食、缺乏体力活动/运动、压力）以及卫生服务因素等。

健康风险评估通过系统、全面地收集个人的生活方式、遗传、环境和医疗卫生服务等危险因素，对其危险因素与健康状态之间的关系进行量化，从而预测某一个体未来发生某种特定疾病（生理疾患或心理疾患）或因为某种特定疾病导致死亡的可能性，即对个人健康状况及未来患病和（或）死亡危险性进行量化评估。

一、健康风险评估的发展历史

20 世纪 60 年代，美国人 Lewis Robbins 博士在多年研究的基础上创立了预测医学学科，首次提出了"HRA"的概念。他在大量宫颈癌和心脏疾病的预防实践工作中发现：医生记录患者的健康风险，有助于指导疾病预防工作的有效开展。他创造的健康风险标，赋予了医疗检查结果更多的疾病预测性含义。1950 年，Robbins 担任公共卫生部门研究癌症控制方面的领导者，主持制定了《10 年期死亡率风险表格》（*Tables of 10-year Mortality Risk*），并且在许多小型的示范教学项目中，开展以健康风险评估作为医学课程教材及运用的模式。

20 世纪 60 年代后期，随着人寿保险精算方法在对患者个体死亡风险概率的量化估计中的大量运用，所有产生量化健康风险评估的必要条件准备就绪。1970 年，Robbins 和 Jack Hall 医生共同编写了《如何运用前瞻性医学》（*How to Practice Prospective Medicine*）一书，阐述了目前健康风险因素与未来健康结局之间的量化关系，并提供完整的健康风险评估工具包，包括问卷表、健康风险计算及反馈沟通的方法等。至此，健康风险评估进入大规模应用和快速发展时期。

近十年来，健康风险评估在美国及其他西方国家受到极大的重视和广泛的应用，被视为一种增进健康意识及促进行为改善的必要工具。由于HRA是预测某一群体在某一阶段可能的健康状况，因此被作为制订健康教育或健康促进目标及计划的基础。如果用一句话来表述健康风险评估的目的，那就是：将健康数据转变为健康信息。帮助人们从这些健康信息中获得对自身健康的一种判断、观点、态度和认同等，从而形成和建立起良好的身体、心理和社会适应能力等方面的知识和技能，减少健康风险因素的影响。医学模式和疾病谱的变化，人们自我健康维护意识的增强，尤其是随着我国居民生活方式的巨大变化，超重、肥胖、吸烟、饮酒过量、睡眠不足、运动不足、用脑过度等不良生活方式导致的健康问题越来越多，开发、利用健康风险评估工具，建立健康风险评估体系是实施有效的健康管理，是帮助人们走向健康的一种科学途径，对于维护和促进健康具有重要的意义。

二、健康风险评估的基本原理

健康风险评估包括三个基本模块，即问卷、危险度计算、评估报告。目前，绝大多数健康风险评估都已计算机化，下面分别对这三个模块进行阐述。

（1）健康信息收集问卷。问卷是健康信息收集的一个重要手段，根据评估的重点与目的不同，所需的信息会有所差别。一般来讲，问卷的主要组成包括：① 生理、生化数据，如体重、身高、血脂、血压等；② 生活方式数据，如吸烟、酗酒、膳食与运动习惯等；③ 个人或家族健康史；④ 其他危险因素，如精神压力；⑤ 态度和知识方面的信息（有时候需要）。这些信息可由个人自行填报或由医务人员帮助提供，无论通过哪种途径取得数据，首先需要保证的都是其准确性，它直接关系着后续的风险度计算及其结果，故应分清和强调各方提供问卷数据的责任和义务。

（2）风险计算。健康风险评价是估计具有一定健康特征的个人会不会在一定时间内发生某些疾病或健康的概率。常用的健康风险评价一般以死亡为结果，由于技术的发展及健康管理需求的改变，健康风险评估已逐步扩展到以疾病为基础的危险性评价；因为后者能更有效地使个人理解危险因素的作用，并能更有效地实施控制措施和减少费用。

在疾病危险性评价及预测方面一般有以下两种方法。

① 建立在单一危险因素与发病率的基础上，将这些单一因素与发病率的关系以相对危险性来表示其强度，得出的各相关因素的加权分数即为患病的危险性。由于这种方法简单实用，不需要大量的数据分析，是健康管理发展早期的主要危险性评价方法，目前也仍为很多健康管理项目使用。比较典型的有美国卡特中心（Carter center）及美国糖尿病协会（ADA）的评价方法。

② 建立在多因素数理分析基础上，即采用统计学概率理论的方法来得出患病危险性与危险因素之间的关系模型。为了能包括更多的危险因素并提高评价的准确性，这种以数据为基础的模型在近几年得到了很大发展。所采取的数理手段，除常见的多元

回归外，还有基于模糊数学的神经网络方法及基于 Monte Carlo 的模型等。这种方法的典型代表是 Framingham 的冠心病模型，它是在前瞻性研究的基础上建立的，因而被广泛使用。Framingham 模型也被很多机构作为建立其他模型的基础，并由此演化出适合自己项目的评价模型。

危险度的计算是在基于对慢性疾病和前期暴露因素的流行病学研究基础上得出的。前期暴露因素是指已经被科学研究所证实的，与一种或几种健康结果之间有定量关系的因素。前期暴露因素包括行为（如酗酒）、临床测量（如血糖）和历史因素（如宫颈癌家族史）。健康结果可以是病死率，也可以是患病率。一个前期暴露因素与一种健康结果之间的关系可以有多种方法进行计算，但最普遍的方法就是计算相对危险度和理想危险度。

相对危险度（relative risk）表示的是与人群平均水平相比，危险度的升高或降低。人群平均危险度来自以年龄和性别为基础的人口疾病别死亡或发病数据。如果我们把人群平均危险度定为 1，则其他相对危险度就是大于 1 或小于 1 的数字。表 6-1 就是一个被广泛使用的 Carter center 病死率计算的例子。

表 6-1　25 岁以下男性死于肺癌的相对危险度

	与人群平均水平相比的相对危险度	与基线水平相比的相对危险度
不吸烟者	0.14	0.00
人群平均水平	1.00	7.14
每天吸 1~9 支烟	1.02	7.28
每天吸 10~19 支烟	1.23	8.81
每天吸 20~39 支烟	2.10	15.03
每天吸 ≥40 支烟	2.18	15.55

将每个人的相对危险度与人群平均水平危险度相乘，就得到了未来 10 年内死于肺癌的概率。将所有前期暴露因素和所有健康结果进行类似的计算后，就可以合计得到未来 10 年内死亡的总危险度。这个危险度就叫作评估得到的危险度（appraised risk）。必须记住的一点是：评估危险度适用于一个具有共同前期暴露因素的若干个人组成的人群，而不能看作是某一个人死亡的危险。

当一个死亡的原因有多种前期暴露因素，我们就要从多因素的角度来判断基本疾病的风险了。例如对于心血管疾病，很多 HRA 使用基于美国 Framingham 心脏研究中的 Logistic 回归方程来计算危险度。对于其他引起死亡的原因，如 AIDS，由于从应答者处获取准确的危险因素数据比较困难，或者由于目前的研究水平还不足以可靠、有效地量化相对危险度，则普遍的做法就是简单地使用人群平均病死率来表示。

理想危险度（achievable risk）：HRA 的一个基本目标就是鼓励人们修正不健康的行为。为了计算每一种不健康行为的负面影响，可以对危险度进行二次计算。第二次计算的基础是假设个人已经将每个不健康行为修正到了一个目标水平。例如，吸烟者已经戒了烟，高血压者已经将其血压降到了 138/88 mmHg（1 mmHg ≈ 133 Pa）以下。如此将所有前期暴露因素修正到目标水平计算出来的危险度叫作理想危险度。

（3）评估报告。健康风险评估报告的种类和各种报告的组合各种各样，较好的情况是评估报告包括一份给受评估者个人的报告和一份总结了所有受评估者情况的人群报告。同时，与健康风险评估的目的相对应，个人报告一般包括健康风险评估的结果和健康教育信息。人群报告则一般包括对受评估群体的人口学特征概述、健康危险因素总结、建议的干预措施和方法等。

评估结果是健康风险评估报告的主要内容，为方便个人理解，评估提供者一般都会辅之以报告的简要解释和医生的详细解读，健康教育信息则依据个人的评估结果针对性地给出，其形式也是多种多样的，随着互联网的不断普及，由于具有更新快、受众广、可及性强等特点，通过网络发布健康教育信息会成为一种重要的教育形式。

三、健康风险评估的基本步骤

健康风险评估在操作上通常采用信息科技支持技术，通过软件或各种信息系统平台来收集并跟踪反映个人健康状况的各种信息，为参加个人提供个人健康信息清单、个人疾病危险性评价报告、个人健康管理处方以及如何降低和控制危险因素的个人健康改善行动指南。调动个人及集体的积极性，在个人与医师之间建立交流平台，从而有效预防和控制以成年人为主要人群的高血压、肥胖、冠心病、糖尿病、卒中、癌症等慢性病的发生和发展。健康风险评估的基本步骤如下。

（1）采集个人健康有关信息，进行有关医学检查。服务对象在健康管理师、医师的指导下单独或共同填写"个人健康及生活方式信息记录表"，内容包括：膳食及生活方式、体力活动、疾病史、家族史等，并进行体格测量、心电图检查和临床实验室检查等。

（2）信息录入及报告打印。信息收集完成后，由健康管理师利用互联网评估或计算机软件进行核实录入并打印"个人健康信息清单"、按病种分类的"疾病危险性评价报告"及"个人健康管理处方"等报告。

（3）解释报告内容。健康管理师或医师在完成报告打印后，即可向服务对象解释"个人健康信息清单""疾病危险性评价报告"及"个人健康管理处方"的有关内容及意义，服务对象也可咨询有关问题。

（4）跟踪指导。健康管理师或医师将评估的结果，包括"个人健康信息清单"、疾病危险性评价结果、疾病危险程度分级、现患疾病及家族史、健康管理处方及医师管理重点提示等信息提供给服务对象，定期与服务对象保持联系，提醒服务对象按健康管理处方及健康行动计划去做。服务对象也可通过电话、门诊咨询等方式与负责医师保持联系。使用互联网的服务对象可通过网站查询及使用自己的健康资料。

四、健康风险评估的作用与意义

（1）帮助个体综合认识健康危险因素。健康危险因素是指机体内外存在的使疾病发生和死亡概率增加的诱发因素，包括个人特征、生理参数、环境因素、疾病或临床前疾病状态等。个人特征包括不良的行为（如吸烟、酗酒、膳食不平衡、运动不足、迷信、吸毒、破坏生物节律等）、职业、疾病家族史等；环境因素包括暴露于不良的生活环境和生产环境等；生理参数包括有关检查体型测量（如超重、肥胖）、实验室结果（如血糖异常）和其他资料（如心电图、脑电图异常）等。

（2）鼓励和帮助人们修正不健康的行为。健康风险评估的概念最早是被当作健康教育的一个工具而提出来的，它为医生与患者之间沟通疾病预防方面的信息提供了一个很有说服力的工具。健康教育不是简单的健康宣教，它是通过有组织、有计划、有系统的教育活动和社会活动，促使人们自愿地改变不良的健康行为和影响健康行为的相关因素，消除或减轻影响健康的危险因素，预防疾病、促进健康、提高生活质量。健康教育的核心任务就是促使个体或群体改变不健康的行为和生活方式。健康风险评估通过个性化、量化的评估结果，帮助个人认识自身的健康危险因素及其危害与发展趋势，指出了个人应该努力改善的方向，有利于医生制订针对性强的系统教育方案，帮助人们有的放矢地修正不健康的行为。

（3）制订个体化的健康干预措施。通过健康风险评估，可以明确个人或人群的主要健康问题及其危险因素，接下来应对评估结果进行仔细分析和判断，如：区分引起健康问题的非行为与行为因素、不可修正和可修正因素（不可修正因素如性别、年龄、疾病家族史和遗传特质）；区分非重要行为与重要行为（行为与健康问题相关的密切程度及是否是经常发生的行为）；区分低可变性行为与高可变性行为（即通过健康干预，某行为发生定向改变的难易程度）等。由于健康问题及其危险因素往往是多种多样的，故健康干预的内容和手段也应该是多方位的。对健康风险评估结果的详细分析，有利于制订有效而节约成本的健康干预措施。

（4）评价干预措施的有效性。评价是指客观实际与预期结果进行的比较，其实质是不断地进行比较，包括实施情况的比较、结果的比较等，只有比较才能找出差异、分析原因、修正计划、完善执行，使工作取得更好的效果。而要进行评价，测量是必需而重要的手段，这里的测量包括对健康评价指标及经济评价指标的定性定量测量、对健康干预依从性的测量，以及对参与者满意度的测量等。准确的信息是评价成功的保障，必须具备完善的信息系统，准确地收集、分析和表达资料。健康风险评估通过自身的信息系统，收集、追踪和比较重点评价指标的变化，可对健康干预措施的有效性进行实时评价和修正。

（5）健康管理人群分类。健康风险评估的一个重要用途是根据评估结果将人群进行分类。分类的标准主要有两类：健康风险的高低和医疗花费的高低。前者主要根据健康危险因素的多少、疾病危险性的高低等进行人群分组，后者主要根据卫生服务的利用水平、设定的阈值或标准等进行人群划分。不难理解的是，高健康风险的人群其医疗卫生花费通常也处于较高水平。

分类后的各类人群，由于已经有效地鉴别了个人及人群的健康危险状态，故可提高干预的针对性和有效性，通过对不同风险的人群采取不同等级的干预手段，可达到资源的最大利用和健康的最大效果。换句话说，健康风险评估后的各类人群，可依据一定的原则采取相应的策略进行健康管理。

（6）其他应用。健康风险评估还可满足其他的目的需求，如评估数据被广泛地应用在保险的核保及服务管理中，根据评估数据进行健康保险费率的计算，以使保费的收取更加合理化便是一个典型的例子。将健康评估数据与健康费用支出相联系，还可进行健康保险费用的预测，帮助保险公司量化回报效果。

此外，健康风险评估也存在一定的局限性，健康风险评估的工具越来越多，更多的健康相关数据（包括健康风险评估信息）被收集、分析和储存。不同的信息使用者（受评估者个人、健康教育者、研究人员、医生、保险组织等）对健康风险评估信息的使用角度和目的各不相同，但在使用时应该遵守一些共性的原则。从伦理学的角度来说，健康评估信息应该可得、可控制并被有效保密；从信息交流的角度来说，健康评估信息应该能够清楚、准确地传达评估结果，并对改善健康具有影响力。

不少学者和机构开发了对糖尿病、癌症、冠心病、脑卒中等许多疾病的评估和预测模型。对于不同疾病的预测，其准确性或吻合率会有较大的差别。疾病的预测模型中比较成熟、准确的是对常见慢性病的预测，如糖尿病的预测、缺血性心脏病的预测和脑卒中的预测等，但是对癌症发生的预测准确性差，因为肿瘤发病机制有许多尚未明确的部分，因此，在健康管理实践中开展肿瘤发病的定量预测使用意义不大，但针对肿瘤的危险因素进行定性的健康教育仍然有很大的预防价值。

第二节 健康管理基本策略

所谓策略，是指可以实现目标的方案集合。为了实现某个目标，预先根据可能出现的问题制定的若干应对方案，在实现目标过程当中，根据形势的发展和变化优化方案，最终实现目标。健康管理策略是以预防疾病、促进健康为目标而制订的管理策略，通常包括宏观和微观两个方面。宏观的管理策略，通常指国家医疗及健康服务的总体方向、目标和工作重点以及对国家总体健康资源的管理策略。微观健康管理策略主要包括生活方式管理、需求管理、疾病管理、灾难性病伤管理、残疾管理和综合人群管理。针对不同人群选择适宜的健康管理策略是健康管理成功的关键。

一、生活方式管理

从卫生服务的角度来说，生活方式管理是指以个人或自我为核心的卫生保健活动。该定义强调个人选择行为方式的重要性，因为后者直接影响人们的健康。生活方式管理通过健康促进技术，比如健康教育和行为纠正，来保护人们远离不良行为，减少危险因素对健康的损害，预防疾病，改善健康。与危害的严重性相对应，吸烟、适度饮酒、体力活动、膳食、精神压力等是目前对国人进行生活方式管理的重点。

（一）生活方式管理的特点

（1）以个体为中心，强调个体的健康责任和作用。不难理解，选择什么样的生活方式是个人的意愿或行为。我们可以告知人们什么样的生活方式是有利于健康应该坚持的，比如不应挑食、偏食，而应平衡饮食；不应吸烟，如果吸烟应该戒烟等。我们也可以通过多种方法和渠道帮助人们做出决策，比如提供条件供大家进行健康生活方式的体验，指导人们掌握改善生活方式的技巧等，但都不能替代个人做出选择何种生活方式的决策，即使一时替代性地做出，也很难长久坚持。

（2）以预防为主，有效整合三级预防。预防是生活方式管理的核心，其含义不仅仅是预防疾病的发生，还在于延缓或逆转疾病的发展历程（如果疾病已不可避免的话）。因此，无论是对于旨在控制健康危险因素，将疾病控制在尚未发生之时的一级预防；还是通过早发现、早诊断、早治疗而防止或减缓疾病发展的二级预防；以及防止伤残、促进功能恢复、提高生存质量、延长寿命、降低病死率的三级预防，生活方式管理都很重要，其中尤以一级预防最为重要。针对个体和群体的特点，有效地整合三级预防，而非支离破碎地采用三个级别的预防措施，是生活方式管理的重点。

（3）通常与其他健康管理策略联合进行。与许多医疗保健措施需要付出高昂费用为代价相反，预防措施通常是便宜而有效的，它们要么节约了更多的成本，要么收获了更多的边际效益。根据循证医学的研究结果，美国疾病预防控制中心已经确定宫颈癌、乳腺癌、直肠癌、老年人肺炎、心脏病、与骑自行车有关的头部伤害、乙型肝炎、低出生体重、结核等19种疾病或伤害是具有较好成本——效果的预防领域。其中，最典型的例子就是疫苗的使用，例如在麻疹预防上花费1美元的疫苗，可以节省11.9美元可能发生的医疗费用。

（二）生活方式管理的干预技术

生活方式管理可以说是其他群体健康管理的基础成分。生活方式的干预技术在生活方式管理中举足轻重。在实践中，四种主要技术常用于促进人们改变生活方式。

（1）教育。目标是改善健康，其教育干预主要采取个体化的教育方案，帮助个体根据自身情况进行自我管理，重在改变个体的不健康行为。

（2）激励。激励又称为行为矫正，是通过应用理论学习所获得的知识去改变环境和某种不健康行为之间的关系，从而使不健康行为被成功地矫正。主要包括正面强化、反面强化、反馈促进、惩罚等措施。

（3）训练。通过一系列的参与式训练与体验，培训个体掌握行为矫正的技术。训练通常包括六个部分：① 讲课：在课堂上教授技术，列举此项技术被合理利用的范例。② 示范：详细描述并演示技术行为。③ 实践：参与者动手练习所学的新技术。④ 反馈：由训练人员向学员提供行为适度和效度的反馈信息。⑤ 强化：提供奖赏性反馈，如口头表扬或物质奖励等。⑥家庭作业：通过布置家庭作业鼓励学员课后练习新技术。

（4）营销。利用社会营销的技术推广健康行为，营造健康的大环境，促进个体改变不健康的行为。单独应用或联合应用这些技术，可以帮助人们朝着有利于健康的方向改变生活方式。

行为改变绝非易事，形成习惯并终生坚持是健康行为改变的终极目标。在此过程中，亲朋好友、社区等社会支持系统的帮助非常重要，可以在传播信息、采取行动方面提供有利的环境和条件。

在实际应用中，生活方式管理可以多种不同的形式出现，也可以融入健康管理的其他策略中。例如，生活方式管理可以纳入疾病管理项目中，用于减少疾病的发生率，或降低疾病的损害；可以在需求管理项目中出现，帮助人们更好地选择食物，提醒人们进行预防性的医学检查等。不管应用了什么样的方法和技术，生活方式管理的目的都是相同的，即通过选择健康的生活方式，降低疾病的危险因素，预防疾病或伤害的发生。

二、需求管理

健康管理所采用的另一个常用策略是需求管理。需求管理包括自我保健服务和人群就诊分流服务，它能帮助人们更好地使用医疗服务和管理自己的小病。这一管理策略基于这样一个理念：如果人们在和自己有关的医疗保健决策中发挥积极作用，服务效果会更好。通过提供一些工具，比如小病自助决策支持系统和行为支持，个人可以更好地利用医疗保健服务，在正确的地点、正确的时间，利用正确的服务类型。

需求管理实质上是通过帮助健康消费者维护自身健康和寻求恰当的卫生服务，控制卫生成本，促进卫生服务的合理利用。需求管理的目标是减少昂贵的、临床非必需的医疗服务，同时改善人群的健康状况。需求管理常用的手段包括：鼓励自我保健/干预、帮助患者减少特定的危险因素并采纳健康的生活方式、寻找手术的替代疗法等。

（一）影响需求的主要因素

四种因素影响人们的卫生服务消费需求。

（1）感知到的需要。个人感知到的卫生服务需要是影响卫生服务利用的最重要的因素，它反映了个人对疾病重要性的看法，以及是否需要寻求卫生服务来处理该疾病。有很多因素影响着人们感知到的需要，主要包括：个人关于疾病危险和卫生服务益处的知识、个人评估疾病问题的能力、个人感知到的疾病的严重性、个人感知到的推荐疗法的疗效、个人独立处理疾病问题的能力以及个人对自己处理好疾病问题的信心等。

（2）患者偏好。患者偏好的概念强调患者在决定其医疗保健措施时的重要作用。与医生一起，患者对选择何种治疗方法负责，医生的职责是帮患者了解这种治疗的益处和风险。如果患者被充分告知了治疗方法的利弊，患者就会选择那些风险低、创伤低、更便宜的治疗手段，甚至在医生给他们提供别的选择时也如此。

（3）患病率。可以影响卫生服务需求，因为它反映了人群中疾病的发生水平。但这并不表明患病率与服务利用率之间有良好的相关关系，相当多的疾病是可以预防的。

（4）健康因素以外的动机。事实表明，一些健康因素以外的因素，如残疾补贴、疾病补助、个人请病假的能力等都能影响人们寻求医疗保健的决定。保险中的自付比例也是影响卫生服务利用水平的一个重要因素。

（二）需求预测的常用方法

目前，已有多种方法和技术用于预测谁将是卫生服务的利用者。归纳起来，这些方法主要有以下两种。

（1）以问卷为基础的健康评估。以健康和疾病风险评估为代表，通过综合性的问卷和一定的评估技术，预测在未来的一定时间内个人的患病风险以及谁将是卫生服务的主要消耗者。

（2）以医疗卫生花费为基础的评估。该方法是通过分析已发生的医疗卫生费用，预测未来的医疗花费。与问卷法不同，医疗花费数据是已经客观存在的，不会出现个人自报数据对预测结果的影响。

（三）需求管理的主要策略

需求管理通常通过一系列的服务手段和工具，去影响和指导人们的卫生保健需求。常见的方法与策略有：自我保健服务，如电话咨询、体检结果解释、寻医问药等；就医服务，如为门诊患者定专家、定时间、定地点、预约专家、陪同就医、帮助取药等；转诊服务，如联系医疗机构、预约专家等业务；健康课堂，如派出专家到客户企业咨询、讲课等；数据库服务是基于互联网的卫生信息数据库的服务等。有的时候，需求管理还会以"守门人"的形象出现在疾病管理项目中。

三、疾病管理

疾病管理是健康管理的又一主要策略，其历史发展较长。美国疾病管理协会（Disease Management Association of America, DMAA）对疾病管理的定义是："疾病管理是一个协调医疗保健干预和与患者沟通的系统，它强调患者自我保健的重要性。疾病管理支撑医患关系和保健计划，强调运用循证医学和增强个人能力的策略来预防疾病的恶化。它以持续性的改善个体或群体健康为基准来评估临床、人文和经济方面的效果。"该协会进一步表示，疾病管理必须包含"人群识别、循证医学的指导、医生与服务提供者协调运作、患者自我管理教育、过程与结果的预测和管理以及定期的报告和反馈"。

（一）疾病管理的目标

疾病管理重视疾病发生发展的全过程，包括高危个体的管理，患病后的临床诊治、康复、并发症的预防与治疗等，强调预防、保健、医疗、康复等多学科合作。疾病管理的目标是改善患者的健康状况，减少不必要的医疗费用，提高卫生资源的使用效率。

（二）疾病管理的特点

疾病管理具有三个主要特点。①目标人群是患有特定疾病的个体。如高血压管理项目的管理对象为已诊断患有高血压的病人。②不以单个病例和（或）其单次就诊事件为中心，而关注个体或群体连续性的健康状况与生活质量，这也是疾病管理与传统的单个病例管理的区别。③医疗卫生服务及干预措施的综合协调至关重要。疾病本身使得疾病管理关注健康状况的持续性改善过程，而大多数国家卫生服务系统的多样性与复杂性，使得协调来自多个服务提供者的医疗卫生服务与干预措施的一致性与有效性特别艰难。然而，正因为协调困难，也显示了疾病管理协调的重要性。

（三）疾病管理的方法

（1）团体疾病管理模式。团体疾病管理模式是疾病管理中常用的一种模式，即许多患者被分配给一个疾病管理者，这种模式费用较低，效率较高。患者自愿选择加入团体疾病管理模式后，疾病管理者会对患者进行评估分层，然后进行分层干预。

（2）初级疾病管理模式。初级疾病管理模式是患者和疾病管理者"一对一"的关系，即一个患者被分配给一个疾病管理者，这种模式适用于需要加强干预和持续照顾的重症病人的个体管理。初级疾病管理模式费用较高，通常是团体疾病管理模式的4~6倍。

（3）建立临床路径。临床路径是指针对某一疾病建立一套标准化治疗模式和治疗程序，是一个有关临床治疗的综合模式，以循证医学证据和指南为指导来促进治疗组织和疾病管理的方法，最终起到规范医疗行为、降低成本、减少变异、提高质量的作用。

（4）贯彻临床实践指南。临床实践指南是以循证医学为基础的最好的提高临床决策水平的工具，是有效开展疾病管理的基础。为了更好地贯彻临床实践指南，缩小医生在临床实践中的差异，可以进一步在临床实践指南的基础上发展技术规范、操作规定等，使诊断和治疗的变异降到最低。

四、灾难性病伤管理

灾难性病伤管理是疾病管理的一个特殊类型，顾名思义，它关注的是"灾难性"的疾病或伤害。这里的"灾难性"可以是指对健康的危害十分严重，也可以是指其造成的医疗卫生花费巨大，常见于肾衰竭、肿瘤、严重外伤等情形。

（一）灾难性病伤管理的特点

灾难性病伤管理除适用疾病管理的特点外，其本身还具有一些特征：①医疗卫生服务的可及性受家庭、经济、保险等各方面的影响较大。②由于病伤十分严重，需要特别复杂的管理，经常需要协调多种服务和转移治疗地点。③灾难性病伤的发生率虽低，但其发生和结果都难以预计。

（二）灾难性病伤管理的基本特征

疾病管理的特点对灾难性病伤管理同样适用。因为灾难性病伤本身所具有的一些特点，注定了灾难性病伤管理的复杂性和艰难性。一般来说，优秀的灾难性病伤管理项目具有以下一些特征：① 综合考虑各方面因素，制订出适宜的医疗服务计划。② 具备一支包含多种医学专科及综合业务能力的服务队伍，能够有效应对可能出现的多种医疗服务需要。③ 转诊及时。④ 最大限度地帮助患者进行自我管理。⑤尽可能使患者及其家人满意。

（三）灾难性病伤管理的方法

灾难性病伤管理依靠专业化的疾病管理服务，解决相对少见的医疗问题和高费用问题。灾难发生时，要充分利用短缺的医疗资源最大限度地提高救治效率。对救治工作进行标准化，在实际工作中具有突出的指导作用。灾难时期的标准化救治服务被称作紧急标准服务（crisis standards of care, CSC），其内容包含以下五种重要元素：① 救治过程必须以符合伦理学要求为基础，做到公正、透明、连续、均衡和有责任心。② 借助依托的社区机构，提供预约、教育和沟通。③ 紧急标准服务过程必须符合法律规定。④ 明确的适应证、诱因及责任规定。⑤ 基于证据的临床过程和操作。

面对灾难的救援管理，紧急标准服务主要由五个系统实施完成，即医院的紧急救护、公共卫生服务、外服务系统、院前和急诊医学服务、突发事件管理和公共安全。这几个系统相对独立，但在整个系统中又互相依存，并受政府的组织和管理，目的是整合可用资源发挥最大作用。因此，对灾难的成功反应取决于政府、急救医疗系统、公共卫生组织、应急管理、医院设施及门诊等的协调配合。

五、残疾管理

残疾管理（disability management）是指为了减少工作地点发生残疾事故的频率和尽量减少因残疾造成劳动和生活能力的下降而从事的管理活动。残疾管理的核心是预防伤残的发生。

（一）残疾管理的目的

残疾管理的目的是减少工作地点发生残疾事故的频率和费用代价。从雇主的角度出发，根据伤残程度分别处理，希望尽量减少因残疾造成的劳动和生活能力下降。对于雇主来说，残疾的真正代价包括生产力的损失。生产力损失的计算是以全部替代职员的所有花费来估算的，必须用这些职工替代那些由于短期残疾而缺勤的员工。

造成残疾时间长短不同的原因包括医学因素和非医学因素。

（1）医学因素：① 疾病或损伤的严重程度。② 康复过程。③ 疾病或损伤的发现和治疗时期（早、中、晚）。④ 个人选择的治疗方案。⑤ 药物治疗还是手术治疗。⑥ 接受有效治疗的容易程度。⑦ 并发症的存在，依赖于疾病或损伤的性质。⑧ 年龄影响治愈和康复需要的时间，也影响返回工作的可能性（年龄大的时间更长）。⑨ 药物效应，特别是副作用（如镇静）。

（2）非医学因素：① 职业因素。② 工作压力。③ 伤残者与同事、主管之间的关系。④ 社会心理因素。⑤ 工作任务的不满意程度。⑥ 工作政策和程序。⑦ 诉讼。⑧ 及时报告和管理受伤、事故、旷工和残疾的情况。⑨ 信息通道流畅性。⑩ 心理因素，包括压抑和焦虑。

（二）残疾管理的具体目标

① 注重功能性能力恢复。② 防止残疾恶化。③ 详细说明限制事项和可行事项。④ 设定实际康复和返工的期望值。⑤ 与患者和雇主进行有效沟通。⑥ 评估医学和社会心理因素。⑦ 有需要时要考虑复职情况。⑧ 要实行循环管理。

（三）残疾管理的方法

预防是残疾管理的重要组成部分，通过训练员工严格按照操作规程正确地履行他们的工作职能，提高安全防范意识，可以在很大程度上避免受伤和残疾的发生。残疾管理主要分为事前管理和事后管理：

（1）事前管理。以预防为主，为员工提供生活方式管理、需求管理和疾病管理，提高雇主和员工的安全防范意识，开展工作技能和自救方法等培训，早期干预，避免工作场所及其他场所风险因素的危害。

（2）事后管理。事故发生后，在现场及时与病人和雇主进行有效沟通，采取有效措施防止残疾恶化；待病情平稳后，评估病人的医学和社会心理学因素，设定实际康复和返工的期望值，注重功能性能力的恢复；病人康复后，根据其意愿和身体条件，可以为其设计工作环境。

六、综合的人群健康管理

综合的人群健康管理（population health management）通过协调上述不同的健康管理策略来对个体进行更为全面的健康和福利管理。这些策略都是以人的健康需要为中心而发展起来的，有的放矢。健康管理实践中基本上应该都考虑采取综合的人群健康管理模式。一般来说，医疗保险机构和医疗服务机构需要开展疾病管理，雇主需要对员工进行需求管理，大型企业需要进行残疾管理，人寿保险公司、雇主和社会福利机构提供灾难性病伤管理。

人群健康管理成功的关键在于系统性收集健康风险、健康状况、疾病严重程度等方面的信息，以及评估这些信息和临床及经济结局的关联以确定健康、疾病、并发症、伤残、返回工作岗位或恢复正常功能的可能性。对于疾病管理来说，健康管理需要一套完整的医疗服务干预系统。

人群健康管理方法包括一级预防、二级预防和三级预防。一级预防是指在疾病发生之前预防其发生，如卫生、营养、免疫、按人类环境改造学设计工作场所以及健康的家庭或作业环境；二级预防是指在疾病发展前对疾病早期诊断检测，如特定的健康评估，或对疾病进行筛查；三级预防旨在疾病发生后预防其发展和蔓延，以减少疼痛和伤残，如伤残管理、疾病恢复、功能性健康状况评价、患者管理等（比如为长期离开工作岗位的患者重新开始工作做准备）。

 电子资源

第六章　电子资源

健康服务与管理导论

第七章

健康服务与管理的信息化

 学习目标

1. 掌握：健康信息管理系统的概念及模块功能。
2. 熟悉：居民健康档案及其管理流程。
3. 了解：健康数据信息化的发展趋势。

第一节 健康信息管理

一、基本概念

（1）健康信息。健康信息（health information）是指人群在医疗卫生社会活动中所积累的与健康相关的信息为核心的各类信息活动要素的集合。主要包括：健康信息或数据；健康信息生产者；设备、设施，如仪器、计算机软硬件、网络通信设备等。因此，从广义角度来看，健康信息即与健康有关的所有健康或疾病知识、健康消息、健康数据、事实与资料的总和。

（2）健康信息系统。健康信息系统（health information system, HIS）是指利用健康信息收集、健康档案建立、健康信息数据化处理、健康评估、健康干预与促进等一体化的综合信息化平台，对个人或人群的健康危险因素进行全面分析和管理的过程。

（3）健康信息管理。健康信息管理是健康管理实践活动以及开展健康管理研究的重要组成部分，它是指对健康管理工作中信息活动的各种要素进行合理的计划、组织与控制，以及为实现健康信息资源的充分开发和有效利用所进行的综合管理过程。健康信息管理是围绕健康管理全过程的，针对健康管理对象健康信息的，从信息采集存储、传输、分析到利用的一系列活动，是支持健康监测、评估、提供健康咨询和指导以及对健康风险因素进行干预的全面过程的新管理活动。现代健康信息管理通常需要在健康信息技术的支持下，结合健康管理的理念，利用各类综合的手段来实现健康信息的合理采集和有效利用。

二、健康信息的作用

（1）健康信息资源是医学科学研究发展的基础。医学与其他学科一样，是系统性的学科。中医问诊主张的望、闻、问、切，其实就是病人病情信息获取的过程。从信息的观点考察医学和科研全过程，包括获取医学信息、使用医学信息和传递医学信息是一个不断循环的螺旋式向前发展的过程，是一切医学诊断和技术创新的基础。

（2）健康信息是临床诊疗的依据。临床医疗的实质是医疗决策的过程，临床医生、药剂师、护理人员未来提高诊疗水平，就必须跟踪、了解和掌握大量的医学信息。包括国内外医学领域发展动态、先进的医疗技术和手段以及医疗仪器设备的使用、药物利用的有效性、不良反应和相互作用等信息。

（3）健康信息是全民健康保障的大趋势。随着公众健康意识的增强和健康观的转变，人们对自身或家庭成员医学信息的需求也日益迫切。康复医学、全科医学、家庭医学、社会医学、灾难医学等新兴学科的出现，反映出新的医学模式对现代医学模式的影响。基于电脑和互联网的信息技术可以提供个人健康信息整合、医疗会诊、医学意见的交换以及在科研合作中的一些医学热点问题快速交流和解决。医学和医疗服务已不仅仅是医院内医生与患者之间双向信息的提供和信息的选择行为。

（4）健康信息资源是卫生事业管理的基础。卫生事业管理的职能包括计划、组织、指挥、协调和控制。卫生管理机构对医学信息的掌握，可以使计划周密、组织有序、指挥顺畅、合作默契、控制得当。医学信息在决策中起决定性作用。对医学信息的有效掌握，可以使管理者做出更加科学的决策。

三、健康信息系统的特点

健康信息系统具有以下几个特点。

（1）信息综合化。通过专业的健康管理组织或机构对个人和群体的健康状况、生活行为方式和社会环境进行评估来收集信息。

（2）信息管理集中化。利用综合信息平台对个人和群体的健康信息进行集中分析和管理，为进一步干预实施提供依据。

（3）健康服务个性化。为个人和群体提供有针对性的个性化健康指导，健康服务管理信息平台的建成有助于实现变被动的疾病治疗为主动的管理健康。有利于节约医疗费用支出、维护健康，从而达到提高生活和生命质量的目的。

四、健康信息管理的意义

健康信息管理属于医疗卫生行业的信息资源管理问题，健康信息管理同其他机构或部门信息资源管理有许多共性，健康信息管理也有具有其自身特色的信息资源管理活动。随着医疗事业的快速发展，其配套的信息技术的日新月异，将卫生信息资源进行管理和用于决策的理念和方法也在迅速改进。世界卫生组织曾明确地把提高管理水平与改善卫生信息系统联系在一起，并明确指出：在妨碍管理有效性的因素中，主要是信息保障问题。因此，健康信息管理显得尤其重要。主要体现在以下几个方面。

1. 为提高医疗卫生机构和体检机构管理效率提供了新模式

信息资源管理（information resource management, IRM）强调信息资源对部门或组织机构实现战略目标的重要性。通过信息资源的优化配置和综合管理，可以提高管理的整体效率，从而提高整体效益。医院信息系统（hospital information system, HIS）是卫生领域目前应用最广泛和成功的医院信息系统，在国内外已有40多年的历史，它包括医院管理信息系统和临床信息系统。医院管理信息系统的主要目标是支持医院的行政管理与事务处理业务，提高医院的工作效率，从而使医院能以较少的投入获得更好的医疗效益和经济效益。临床信息系统的主要目标是为医护人员的临床活动服务，收集和处理临床患者的医疗信息,积累临床医学数据,从而提供咨询,辅助诊疗,进而提高医护人员的工作效率,使得医护人员能够更好地为患者服务。

2. 解决卫生部门数据收集存在混乱的问题和临床信息的丢失

信息资源管理强调以数据为核心,实现信息资源管理的标准化。临床数据质量差是卫生信息资源管理中比较普遍的问题,主要原因是基层人员缺乏收集数据的专业技能或诊断设备等条件,而且数据的标准也不明确。此外,收集的信息不足也是健康信息质量差的原因之一,如在卫生保健水平上,数据收集的焦点一般集中在疾病报告,而用于监控保健对象个人服务的一些有价值的指标却很少被纳入,仅有一部分涉及管理目标。这种现象的产生,往往是由于数据的生产者与数据的使用者之间在需求方面缺乏共识。此外,许多卫生单位自行创建信息系统,在医学用语及编码等方面都不够规范,导致不同信息系统之间不能相互参考。

3. 解决各卫生部门数据利用的低效率、实现资源的共享性

目前卫生信息资源一般分散在卫生领域各部门,集中共享较难。由于信息资源拥有者的利益关系,如果没有相应合理的制度来加以协调,信息交流与资源共享就会遇到种种障碍。有许多因素导致信息拥有者容易产生信息垄断的倾向。信息资源管理就是要在信息资源开发者、拥有者、传播者和利用者之间寻找利益平衡点,建立公平合理的信息产品生产、分配、交换、消费机制,从而优化卫生信息资源的体系结构,确保资源利用最大化。

4. 为确立健康信息资源在卫生医疗行业中的战略地位提供了新思路

目前,由于医疗信息数据库管理系统得到广泛的使用,人们也意识到数据是组织机构的重要资源,必须对其整体实施有效管理。一般卫生部门都设有相应的数据管理部门。但在实际工作中,并没有赋予数据管理人员应有的地位和权力,很难实现组织机构从整体上完成数据管理。要解决这一矛盾,可以借鉴政府和企业设立首席信息官职务的经验,在卫生管理部门设置高层信息主管职务,其职责是全面主持各级卫生部门的信息管理,包括开发信息技术、健全信息系统、分配信息资源、实现资源共享等,辅助高层决策。

5. 成为知识经济时代组织文化建设的重要组成部分

信息资源管理侧重于事实性知识管理,而现代的科学管理工作愈来愈强调大数据的作用。信息资源的有效管理必然使信息和信息技术渗透到组织机构的各部门,影响到所有相关人员的工作效率,从而对于提高工作效率,增强组织机构的凝聚力和竞争力具有重要意义。

第七章 拓展材料

第二节 健康信息管理平台

健康信息管理平台主要包括个人基本信息、疾病和健康问题、医疗卫生服务记录三大方面内容，在健康管理与服务活动中，建立完整的健康干预方案需要从多个不同系统或部门收集这些健康相关信息，因此在不同系统与部门之间实现区域健康信息资源的共建、共享、共用是健康信息管理信息化的基本功能和重要目标。健康信息的标准化正是实现这一目标的必经之路。它包括两个方面的标准化：一是信息与通信技术标准化，用以促进和实现全球范围的健康信息共享；二是研究制定健康指标体系、健康信息、健康卡数据、电子病历、健康信息安全基础设施、医药电子商务、为残疾人营造无障碍环境等方面的统一标准。

一、健康信息标准化

健康信息标准化是指按照要求的统一格式对健康信息进行收集、处理、管理及利用。在健康信息资源共建、共享的过程中，健康信息的标准化是整个健康管理与服务工作的基础。健康信息标准化可以帮助医务工作者更高效地完成数据采集、数据处理和干预方案制定的工作。例如，社区人群慢性病监测随访以及健康档案的建立和管理；跟踪、评价病人病情，记录各项理化指标及其变化趋势，随时和医疗机构或保健人员取得联系，及时诊断、治疗和预防；对一些慢性疾病处理繁杂的膳食营养素摄入进行计算及营养配餐；根据运动、膳食、平衡原则向病人提供个体化的运动和膳食分析处方等。

（一）我国健康信息标准化建设现状

目前，由国家卫计委研究的医疗卫生信息相关技术标准，以及编写的《医院基本数据集采集标准》（征求意见稿）、《公共卫生分类与基本数据集》《社区卫生信息基本数据集》等数个重要的基本数据集 1.0 版均已发布，分别定义了医院业务信息描述方式、公共卫生信息数据结构、社区卫生服务信息采集标准等。这些最新发布的数据标准中，不仅包含了大量的个人健康信息。还包含了诸如 HL7、ICD、SNOMED、LOINC 等在内的国际编码标准。即使这样，众多的标准仍然存在着分类方式差异、术语内涵和外延不一致等情况。单以 SNOMED 与 ICD-9 标准为例进行比较，就发现各个水平间多以 n 对 1 的映射不明确的情况出现。此外，还存在着信息分类由细到粗分类过程中的缺失现象，因此，我国健康信息标准化急需完善而可行的个人健康信息标准建立。

（二）健康信息国际标准化现状

关爱生命、关注健康已成为人类健康事业发展的主旋律，提高国民健康水平，加速人群健康信息交换、共享和应用已成为全球经济发展的一项重要指标。为了推动健康信息的数字化、网络化和健康信息的全球共享，国际标准化组织（ISO）于1998年成立了ISO/TC215"健康信息学标准化技术委员会"（Technical Committee 215,TC215 health informatics），委员会秘书处设立在美国，其工作范围是致力于健康信息领域以及健康信息与通信技术领域的标准化。其目的是促进各独立系统间的健康信息和数据达到兼容和一致，同时减少健康信息和数据的重复和冗余。通过全面开展健康标准化工作，使相关的健康信息系统、设施和健康信息共享的技术手段相互兼容和相互操作，减少重复性工作，避免不协调、不配套等现象的发生，从而推动和促进健康信息在全球的共享。

目前，ISO/TC215下设8个工作组，分别在健康数据结构、健康数据交换、健康相关术语、健康信息安全、电子药房与医药电子商务、设备、标准组织协调等方面开展工作。该工作组正式成员有27个，中国是其中之一。截至2011年1月3日，ISO/TC215已发布90个国际健康信息标准，尚无针对传统医学的信息标准。

二、健康管理平台

健康管理平台是集人群健康信息的获取、分析处理、评估及干预方案制定和实施、干预效果评价为一体的健康数据贮存和处理平台。通过健康管理平台的使用，可以对人群进行大量数据的累积、完成效果跟踪、统计分析，从而实现人群对健康服务的需求。此外，相关数据亦可用于科学研究，从而带来较大的社会效益。

（一）健康管理平台构成

健康管理平台是由客户健康管理自主服务平台、医师健康管理工作互动指导平台和机构数据分析处理工作平台三大功能平台构成的。

1. 客户健康管理自主服务平台

客户健康管理自主服务平台是由健康档案建立、健康评估、膳食管理、运动管理、日常压力管理、生活方式管理、健康监测、健康工具、健康资讯、个人账户管理十大基本模块构成。客户可以进行账号注册、登录，建立个人健康档案，并查看各项健康评估结果，了解自身疾病风险。通过自我记录及上传膳食、运动日志，调整生活行为方式以及压力释放方式，在医生指导下降低疾病风险，达到健康自我管理的目的。

2. 医师健康管理工作互动指导平台

医师健康管理工作互动指导平台是由健康管理档案、健康评估管理、健康干预管理、健康咨询管理、站内短信管理、手机短信管理等几大功能模块构成。医生通过这些模块对客户进行档案编辑、疾病风险评估分析、膳食及运动管理评估、健康数据监测等，制定个性化的健康管理方案及回访跟踪记录，实现对客户综合性健康指导和干预。

3. 机构数据分析处理工作平台

机构数据分析处理工作平台由会员管理、客户管理、数据分析、接口管理、系统管理等功能构成。将个人及群体的体检数据与相关信息由数据分析人员在后台进行数据分析整合处理，按照相关标准进行科学的疾病风险评估，从而量化健康信息、量化健康危险因素，进一步提供个性化的健康风险管理方案。通过量化的危险因素干预、膳食处方、运动处方等指导方案，按照质量管理的 PDCA 循环管理理论，通过 12 周阶梯式强化管理，使医生对客户进行有效互动式健康管理指导，完成阶段性健康干预流程。最后，通过健康管理效果医学统计分析对干预效果进行评价。此外，该平台具备健康管理效果医学统计分析、医生权限配置、系统角色管理、客户信息配置、系统信息维护等功能。

（二）健康管理信息平台功能模块

健康管理信息平台模块功能强大，涉及信息获取、分析处理和干预追踪回访的功能。具体如下。

（1）调查问卷。调查问卷是健康管理过程中用于采集客户健康信息的重要工具，结合健康管理平台数据分析需要而设计，主要包括几方面内容：客户基本信息、个人疾病史、疾病家族史、吸烟、膳食、运动、睡眠、心理状况、居住环境、体检信息等用户相关信息。

（2）健康档案。健康管理信息平台通过数据处理技术处理从体检系统中采集的数据，同时整合问卷采集信息、建立用户个人健康管理档案，通过计算机信息手段并最终形成数据分析模型，从而生成疾病风险评估和制订健康管理干预方案。健康档案主要包括个人基本信息、疾病和健康问题摘要、卫生服务记录三大方面内容。

（3）健康评估。健康管理信息平台评估模块是基于循证医学研究的成果，通过建立数学模型，进一步开发研究形成计算模型。该计算模型是以发病与否或死亡作为因变量，以危险因素为自变量，采用量表形式分析危险引述，从而提前识别个人健康风险及风险等级。健康评估具有疾病专一性、量化评估和个体化等特点。评估系统评估预测内容包括：①生活方式疾病风险评估，主要包括缺血性心脑血管疾病、糖尿病、高血压，各种癌症如肺癌、胃癌、肝癌、结直肠癌等。②生活方式与心理健康评价，包括健康年龄评价、尼古丁依赖评价、体力活动水平评价、膳食宝塔吻合度评价、症状自测量表心理评价、婚姻质量评价、人际信任评价、抑郁自我评价、老年抑郁评价、焦虑自我评价、社交回避或苦恼评价等。③健康管理干预手段评估，包括膳食习惯评估、运动处方效果评估等。

（4）健康管理。健康管理信息平台利用计算机网络技术与电信技术智能化结合，通过对用户健康信息进行系统处理和评估，从而对用户进行有效健康管理和干预，最终达到对疾病的预防和控制，从而改善个人健康状况的目的，提高用户生活质量，例如慢性病管理服务。其服务系统包括电话呼叫中心系统、平台网络短信系统、手机短信系统、电子邮件系统、互联网查询及数据上传、疾病追踪回访系统等方式，实现全面、可持续的双向交流和健康管理干预。

（5）计划制定。健康管理信息平台通过与机构体检系统、医院信息系统（HIS）、检验科信息系统（LIS）、影像归档和通信系统（PACS）等系统进行数据资源整合，利用健康管理信息平台健康评估数据库、膳食调整处方数据库、运动干预处方数据库等软件对客户资料进行综合处理、分析和评估，从而为用户制订科学合理且个性化的健康管理与干预计划。该干预计划主要包括饮食调整、运动指导、心理卫生、慢性病干预以及就医指导等方面内容。

（6）方案干预跟踪。通过健康管理信息平台数据层对客户资料进行量化处理分析，形成直观发展趋势图，得出引起健康风险的主要因素，然后有的放矢地进行定期监测跟踪，监测指标包括引起疾病风险的医学指标，例如血压、血脂、胆固醇、血糖等；同时对一般生活习惯所致的危险指标，例如身体质量指数、食品、运动等也需进行监控，以便进行随时方案调整。

（7）干预效果评价。用户在进行健康风险、干预目标、膳食结构、运动指导以及精神心理压力量化式、互动式阶段性健康干预以后，通过反馈数据，利用健康管理信息平台进行数据整合、对比、分析，从而得出本次健康干预措施效果评价。具体分为下面几个内容：膳食习惯调整总体评价、运动方式总体评价，以及客户健康状况改善效果评价、干预前后疾病危险因素危险度评价、生活方式评价以及疾病发病风险评价等。通过对首轮健康干预的效果评价，可以对该干预计划的科学性、合理性进行评判，同时，也为健康干预长期计划提供指导和信心。

（三）健康管理信息平台的管理

（1）质量管理。健康管理信息平台是以大数据和人工智能为基础的数字化系统，供医疗卫生服务机构使用。为保证健康管理信息平台正常运行，首先需要配备良好的硬件设施以及相配套的医疗电脑软件支持。其次，要使用健康管理信息平台对用户群进行有效健康信息管理，必须健全岗位职责和各项规章制度，从人员组织上保证健康管理平台服务质量。

（2）人员组织管理。健康管理是个新兴产业，健康管理信息平台管理和运行以及数据处理也需要大量相关专业人才。健康管理信息平台正常运行至少需要两方面人才：第一，具有一定医疗水平的医护人员，在疾病和疾病相关诊疗技术方面有一定的专业水平。第二，熟悉医疗信息系统的相关技术工作以及掌握计算机系统和通信技术、掌握管理相关知识的综合型管理人员，以对平台使用和服务质量进行技术把关。同时，对所有参加健康管理平台的工作人员，一律进行严格、标准化的岗前业务培训。

（3）健康信息资料管理。健康管理信息平台的资料主要包括用户个人基本资料、病史资料、体检资料、网络互动咨询资料以及健康管理服务情况登记资料等图文资料，资料种类繁多。对资料进行分门别类管理，主要通过以下方式：首先，资料的收集、整理、登记、备份保存需要加强归档管理、积极妥善保管。同时，健康管理服务情况的记录数据库与病案管理相结合，将客户相关健康管理资料纳入正规的档案管理工作中。其次，注重用户基本资料的保密工作。最后，对客户档案资料查阅、移出、销毁等应严格按规定手续办理，须层层审批，认真履行登记、签字手续。

（四）健康管理信息平台的运行流程

（1）问卷填写。用户填写问卷，由健康管理信息采集医师上传到健康管理平台，同时工作人员协助用户在健康管理信息平台注册用户个人账号，以便在后续健康管理服务中使用。

（2）建立健康档案。健康管理师协助用户在平台上填写或修改资料，包括客户基本信息、疾病史、家族史、生活习惯以及体检记录等，建立个人完整健康管理档案。

（3）进行健康评估。用户健康档案建立后，健康管理师会同各专科医师对用户进行专业化综合健康评估，明确客户相关疾病危险因素、风险预警情况及健康发展趋势、膳食习惯及运动方式，同时向客户解读健康评估报告。

（4）制订健康管理计划。分析用户健康信息评估结果，针对健康改善需求，确定慢性病预防、用药指导、膳食处方、运动处方、监测重点等干预目标。将可控制指标定为管理重点，按不同阶段制订个性化的健康管理干预计划。

（5）实施健康干预。健康管理师根据用户既定的健康管理干预计划，定期通过网络平台与用户互动，利用短信、电话等方式阶段性跟踪监测用户干预计划执行情况，并指导用户根据既定计划调整饮食、合理运动、慢性病用药、定期体检，从而帮助用户执行健康干预方案以到健康目标。

（6）健康管理效果评价。当健康管理干预方案实施结束后，应对用户阶段性健康干预效果进行综合评价分析，并存档备案。

（五）居民健康档案及其管理

居民健康档案系统是以区域内健康信息的采集、存储为基础，连接区域内各类医疗卫生机构及各类业务应用系统实现互联互通、信息共享的区域卫生数据中心和公共卫生服务信息平台，能够满足健康档案跨机构、跨组织甚至跨区域共享特点，采用无侵入式的异构系统集成、标准化的数据转换等技术，为实现市民卡一卡通、双向转诊、远程医疗、网上预约等增值服务提供了强大的数据基础。

依托该系统，自建档起就为个人提供所有可能的健康档案，以及相关的父系、母系遗传健康史。收集、组织、管理个人在医疗、保健等过程中记录的相关信息，并随时随地保存、补充提取信息，最大限度地确保为医疗保健提供完整的医疗诊断依据。一般包括基本信息、健康行为资料、临床基本资料、就诊记录（SOAP 记录）、预防接种记录、用药情况以及慢性病就诊记录、妇女孕期保健记录、儿童健康记录、残疾人的残疾情况等内容。医务人员根据病人的电子健康档案信息及临床表现进行必要的检查，动态观察患者病情变化，并做出诊治处理意见，从而提高医疗效率和质量；同时，还可以为全科医疗教学提供准确、完整、规范、连续的居民健康信息；另外，还有利于政府部门及时、快速合理决策和有效地分配利用卫生资源。

（六）居民健康档案系统模块

（1）电子健康档案。电子健康档案是存储在健康档案系统中的居民个人健康信息，包括基本信息、家族病史、主要疾病、历史健康信息、健康问题摘要、个人生活习惯、运动、膳食等内容，并将其进行数字化存储管理。可随时随地通过健康信息服务中心进行个人健康信息历史查询、个人健康趋势查询、最新数据登录和分析等，以满足用户健康管理需要。

（2）电子病历生成和存储。健康管理师将用户体检报告或者健康数据测量结果导入健康档案，并生成电子病历，可随时查看或对比历史病历，预测身体健康趋势。

（3）健康历史查询。通过居民健康档案系统，用户可以随时随地查看个人健康资料，包括血糖、血压、血脂、心电、血氧、心率、肝肾等体检历史数据，以及不同时期的运动建议、心理健康建议、膳食营养建议以及远程干预等历史信息。

（4）健康资讯服务。居民可以按照自己的需求定制或关注健康资讯，系统会定时以短信、邮件等方式发送到手机、电脑等终端接收设备，包括健康知识、最新健康趋势、饮食和运动科学方法等资讯和文章，以便指导居民健康管理和提高居民健康素养。

（5）基本信息修改和编辑。可随时在网络环境下，编辑和修改居民基本信息，例如电话、地址、密码以及亲情绑定账户等。

第三节　健康信息技术发展趋势

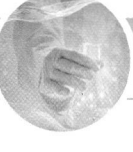

近年来，医疗健康信息技术（HIT）正在以惊人的速度发展。伴随着云计算技术，物联网技术，移动互联技术、人工智能技术，智慧医疗与大数据技术及国际信息标准普及，HIT 将成为未来 IT 领域之中新的增长点，同时也是新型医疗模式的突破点。

一、健康信息技术

（1）云计算技术。是一种基于互联网的计算方式，通过这种方式，共享的软硬件资源和信息可以按需提供给计算机和其他设备。云计算技术具有超大规模、高度可靠性、高度扩展性、虚拟性、按需服务、通用性、廉价性等特点。云计算技术的发展加快了健康信息资源的建设，实现了信息资源共享，提高了整个医疗机构服务水平。

（2）物联网技术。是利用局部网络或互联网等通信技术，通过各类可能的网络接入，实现物与物、物与人的泛在连接，实现对物品和过程的智能化感知、识别和管理。物联网技术促进社会管理和公共服务信息化，扩展和延伸服务范围，提升管理和服务水平。

（3）移动互联技术。是移动和互联网融合的产物，继承了移动和互联网的各自优势，线上的医医交互、医患交互、患患交互服务模式的出现，为医疗卫生行业带来巨大改变。

（4）人工智能技术。是研究开发用于模拟、延伸和扩展人的智能的技术及其应用系统，人工智能在健康管理领域主要包括健康评估、疾病诊断、辅助决策等。

（5）智慧医疗与大数据技术。《国务院办公厅关于促进和规范健康医疗大数据应用发展的指导意见》（国办发〔2016〕47号）明确指出，大力推动政府健康医疗信息系统和公众健康医疗数据互联融合、开放共享，消除信息孤岛，积极营造促进健康医疗大数据安全规范、创新应用的发展环境。未来大数据分析可以在疾病监控、辅助决策、健康管理、医保监管等领域发挥重要作用。

二、健康信息技术的发展趋势

（1）信息技术快速发展和广泛应用。随着医疗健康信息技术的发展，在健康医疗服务和管理实践中形成了健康医疗大数据管理及处理系统，主要包括：基于多感知器和智能终端的健康医疗数据采集，基于云平台的分布式存储与并行计算，动态大数据的实时处理及非结构化数据处理，多元异构数据的深度整合，海量动态数据的学习、推理、预测与知识发现等。这些新技术的突破，将为健康医疗信息化驱动的创新应用提供强有力的技术支撑。

（2）大数据与临床数据分析。临床数据分析对医疗机构来说是第一要务。运用临床大数据分析，医生能发现疾病发生和治疗的潜在规律、不同治疗过程的康复率以及远程实时控制患者的生命体征。对医疗机构而言，大数据分析也为其提供了运用患者数据发现罹患慢性病如糖尿病、哮喘和高血压患者的风险因素。这些慢性病患者进一步扩大了临床队列，临床分析提供的信息能帮助医生为高危人群提供早期干预计划，从而实现人群健康管理，降低医疗费用，提高居民生活质量。越来越多的HIT公司开始应用先进的分析工具来寻找人口健康方面的机遇，当该行业向合作责任医疗服务模式前进时，就变得越发重要。拥有分析技能的IT专家的挑战和机遇在于，能否找到高效的方式存储海量数据并确保数据安全。

（3）促进健康管理与服务模式向个性化和智能化转变。移动互联和人工智能是创新健康医疗服务模式的重要技术支撑。移动医疗健康就是通过使用移动通信技术，如移动电话和卫星通信来提供医疗服务和信息，如在移动互联网领域，则以基于移动终端系统的医疗健康类APP应用为主。比如，通过可穿戴医疗监测设备等收集个人实时健康数据，分析个体体征数据、诊治数据、行为数据等，应用自身量化算法、高维分析方法等大数据处理技术，预测个体的疾病易感性、药物敏感性等，实现对个体疾病的早发现、早治疗和个性化用药、个性化护理。同时，移动互联网和人工智能的快速发展和广泛应用将催生健康服务新业态，使居家养老、居家护理、医养结合等健康服务更加智能化和便捷化。而基于社交网络的患者交流与医患沟通将更加普及，健康医疗机构可以更多地借助社交网络平台等与患者沟通，根据患者需求推送更适宜的服务。

（4）推动个人健康管理精细化、一体化和便捷化。随着医疗健康信息技术和云技术的发展，汇聚个人全面健康信息、覆盖全体居民的电子健康档案云平台，能让每个人都拥有一份标准化的电子健康档案，并能及时方便地获取健康医疗数据。电子健康档案云平台的建设有助于推动慢性病、传染病、疑难复杂疾病等在线病情跟踪与咨询，减少重复检查带来的时间和经济负担，使个人健康管理更加精细化。基于电子健康档案开发的疫苗接种提醒、处方遵从性提醒、药物相互作用提醒等功能，将有助于实现集预防、治疗、康复和健康管理于一体的个人全生命周期的健康管理。同时，通过电子健康档案分析全人群健康状况、发病和患病情况，将获取异常公共卫生事件情况，扩大公共卫生监控的覆盖面和提高处理公共卫生事件的响应速度。

健康医疗数据开放共享是健康医疗信息化发展的重要目标。随着大数据应用价值的迅速攀升，一些国家开始推动政府数据开放共享以促进社会应用。但数据开放共享也对个人隐私与数据安全带来严峻挑战，在开放共享的同时必须强化健康医疗信息安全技术支撑。

电子资源—练习题

第七章　练习题

第八章 中医药健康服务业

健康服务与管理导论

 学习目标

1. 掌握：中医在健康服务与管理中的应用；我国中医医疗保健服务发展现状，政策环境；中医健康管理体系的框架和构建原则。

2. 熟悉：中医治未病的内容；中医药保健服务发展优势；中医健康管理服务内容。

3. 了解：中医养生内容；中医医疗保健服务产业存在的问题和政策建议；中医健康管理的实施流程。

第一节  中医药健康服务与管理概述

健康服务与管理在中国传统医学中侧重于运用中医整体观来指导健康体检、中医健康教育、体质辨识、生活方式干预、危险因素控制及效果评价等，将中医"治未病"的理论和方法与现代健康管理学相结合，是一种有效、安全、经济的方法，将疾病控制模式从以治疗为主转为以预防为主，防治结合。中医健康管理有别于西医体检，不仅专注于生化指标、病理标本的收集，更强调从整体出发，把人作为一个整体，强调"整体观念""治未病""养生"。中医健康管理尤其注重调动人的积极性，把"治未病"操作的主体从医者转为未病者，是一个具有中医特色的疾病预防控制体系。

一、中医的基本观念

"养生"最早见于《庄子·内篇》，所谓"生"，即生命、生存、生长之意；所谓"养"，即保养、调养、补养、护养之意。"养生"的内涵，一是指如何延长生命的时限，二是指如何提高生活的质量。《素问·上古天真论》中载"夫上古圣人之教下也，皆谓之虚邪贼风，避之有时，恬淡虚无，真气从之，精神内守，病安从来"，为中医养生学说的建立奠定了基础。

中医养生学说是研究如何增强体质，预防疾病，以达到延年益寿的理论和方法。中医养生包括形神共养、协调阴阳、顺应自然、饮食调养、谨慎起居、和调脏腑、通畅经络、节欲保精、益气调息、动静适宜等一系列养生原则。养生过程就是对健康的自我管理，体现出中医特色的健康管理。

中医理论中的"治未病"是中华民族伟大的医学思想，概括起来主要是未病先防、已病早治、既病防变和瘥后防复等方面的内容（见第三章第三节）。

二、中医在健康服务与管理中的运用

（1）中医体质辨识。中医学重视人的体质与发病的关系。体质是指人体生命过程中，在先天禀赋和后天获得的基础上所形成的形态结构、生理功能和心理状态方面综合的且相对稳定的固有物质。中医认为人的体质偏颇是疾病的根源，若能及时调理偏颇体质，可预防体质相关性疾病的产生，使机体处于"阴平阳秘"的健康状态，提高健康水平和生存状态。

（2）饮食干预。早在《黄帝内经》中就有完全膳食的记载，如《素问·脏气法时论》曰："毒药攻邪，五谷为养，五果为助，五畜为益，五菜为充，气味合而服之，以补精益气。此五者，有辛酸甘苦咸，各有所利，或散或收，或缓或急，或坚或软，

四时五脏，病随五味所宜也。"其观点与目前营养学会推荐的"平衡膳食宝塔"相一致。此外，药膳能帮助调理脏腑的功能的观点，逐步被人们接受。

（3）运动干预。中国有许多传统的体育项目，如武术、太极拳、五禽戏、八段锦等，通过形体运动配合调息、调神，能达到形神共养、动静互涵的强身健体的目的。比如，八段锦："双手托天理三焦，左右开弓似射雕，调理脾胃单举手，五劳七伤往后瞧，摇头摆尾去心火，背后七颠百病消，攒拳怒目增气力，两手攀足固肾腰。"常练这个功法可增强体质。

（4）情志干预。《素问·上古天真论》说："恬淡虚无，真气从之，精神内守，病安从来。是以志闲而少欲，心安而不惧，形劳而不倦，气从以顺，各从其欲，皆得所愿。故美其食，任其服，乐其俗，高下不相慕，其民故曰朴。是以嗜欲不能劳其目，淫邪不能惑其心，愚智贤不肖不惧于物，故合于道，所以能皆度百岁而动作不衰者，以其德全不危也。"可见古代医家早已发现情志不和会引发各种疾病，《素问·举痛论》曰"百病生于气也"，因此强调恬愉乐俗，陶冶性情，提高思想修养，正确对待和排除各种社会因素的刺激，以保持身心健康。

（5）药物干预。中医有数千年的用药经验，在防病、治病等方面都有其特色和优势，尤其是对一些慢性病的调理，有较好的疗效。李时珍在《本草纲目》中提出耐老、增年、轻身、益寿等概念，指出某些中药对延年益寿有着独特的功效。

（6）中医保健。中医有针灸、按摩、药浴、刮痧、拔罐等传统的理疗手段，以其简、便、效、廉而被人们接受，在养生防病中发挥着重要作用。张仲景的《金匮要略》提道："四肢才觉重滞，即导引、吐纳、针灸、膏摩，勿令九窍闭塞，更能无犯王法、禽兽灾伤，房室勿令竭乏，服食节其冷、热、苦、酸、辛、甘，不遗形体有衰，病则无由入其腠理。"指出针灸、膏摩等保健措施能预防疾病的发生。

第八章　拓展材料

第二节　中医药健康服务业发展现状

中医经典思想"治未病"与现代健康管理理念具有异曲同工之妙，中医整体观体现了整体健康模式的思想精髓，"辨证论治"是个性化健康管理的最佳体现。中医几千年的发展，为现代医学提供了疾病诊疗与慢性病管理、预防疾病与养生保健的理论基础及具体手段。目前在我国，中医"治未病"工程隆重启动，而"治未病"的核心思想就是健康管理，标志着具有中国特色的以传统中医理论为基础的健康管理体系正在逐步形成，并有望与西方健康管理体系齐头并进，互为补充，共同促进人类健康事业的发展。

一、我国中医医疗保健服务发展现状

（一）医疗机构养生保健发展

近年来，党和政府高度重视中医养生保健在我国医疗卫生事业中的重要作用。2012年，国家中医药管理局确定了北京市东城区等21个地区为中医养生保健服务机构准入试点地区，各地区纷纷开始构建以省市级中医院为龙头，县（区）级中医院为骨干，社区中医服务站为基础的养生保健服务网络，并着力加强各试点单位的养生保健服务平台建设和规范。中医养生保健服务正在成为各级各类医疗机构的重要服务内容之一。其中省、市、县中医院成立各具特色的"中医治未病中心"和养生保健服务部门，其服务形式多样、数量增加、水平提高。部分中医院将现有的中医健康咨询门诊、亚健康门诊、体质门诊、传统疗法中心、体检中心、康复中心等资源进行整合，集中开展中医养生保健服务。在社区，中医药服务从过去注重中医医疗服务转向同时注重开展预防、保健等综合服务，积极运用中医药手段、技术引导居民开展中医药养生保健。甚至不少地区的中医药养生保健服务，已经成为社区卫生服务的特色优势。

（二）社会机构养生保健服务发展

随着中医养生保健的迅速发展，医疗机构的服务已经不能完全满足人们的需求，大批的社会非医疗机构也在开展多种形式的中医药养生保健服务。据有关调查初步统计，我国养生保健行业总体销售额已达6 500亿元，民营资本投资比例高达90%以上，保健食品、用品生产企业约1 200家，销售企业超过10万家，服务企业超过140万家，行业从业人员超过5 000万人，且每年还在迅速增长。经过工商部门批准开展养生保健服务的机构，以康复医院、中医经络养生研究所、养生会所、针灸推拿馆、养颜养生馆、药膳会馆等形式，主要提供按摩、足疗、药浴、美容、美体等保健服务。另据残联统计，我国已有盲人保健按摩机构39 000多家，遍布各个地区，向人们提供保健按摩服务。

（三）中医"治未病"健康工程推进

2008年以来，国家中医药管理局实施了"治未病"健康工程，该工程重点关注"治未病"与医学目的调整和医学模式的改变、体质脏腑功能与人的健康状态、个体的健康状态分类与风险管理及其在健康管理中的应用等理念的宣讲。

目前治未病健康工程在全国17区已经建立了46个试点单位。2009年起，国家中医药管理局、中宣部、原卫生部、民政部等23部委发起中医健康管理工程，宣传独具特色的中医健康管理"一康复、一调方、一保障"的"三一服务"模式，给大众提供一个安全有效的中医健康管理体系。目前以中医体质辨识、中医四诊技术、中医保健、中医适宜技术为主要服务内容的各类健康养生及管理机构已经在中国蓬勃发展，日趋成为中国健康管理服务的最大特色。

(四）养生保健文化传播

随着天人合一、顺应自然、未病先防、既病防变等中医养生保健理念越来越被人们所接受，各电视台媒体开始创办养生保健系列节目。目前，国内养生类节目已有上百档，每个电视台都有 1~2 个养生保健类节目，如中央电视台的《健康之路》《我的健康我做主》《天天饮食》，北京卫视的《养生堂》《身边》《健康北京》，中国教育电视台的《平衡养生说》《养生一对一》等均在国内热播，深受老百姓喜爱。在国家中医药管理局的推动和支持下，省市中医药文化宣传部门与电视台联合开展"中医中药中国行"大型科普文化宣传活动，在培养民众对中医药养生保健的正确认知方面发挥了重要作用。同时，大量中医药养生保健科普书籍的出版也掀起了前所未有的热潮，让老百姓走近中医、了解中医、认识中医、应用中医。此外，中医药主管部门大力推动中医医疗机构的中医药文化建设，使中医院和社区医疗服务机构逐渐成为公共健康教育基地，促进中医学"治未病"理念和养生保健知识的普及。

（五）养生保健产业发展

养生保健服务业已成为新兴的一个朝阳产业，正处于快速发展的上升态势。据初步统计，目前全国保健企业在 10 万家以上，吸纳的就业人员 1 000 多万，而且市场规模扩大的空间依然很大。各地养生保健业的发展对繁荣地方经济、丰富人民文化生活和改善当地人民的生活质量起着重要的推动作用。

2016—2021 年，中国健康养生产业运行态势及投资战略研究报告表明，养生保健行业在 2002 年到 2006 年发展十分迅猛，每年新增企业数十分可观。从中国养生产业发展现状看，根据国家相关机构的调查结果，2003 年到 2006 年，养生保健行业整体经营状况良好，在营业额、利润和纳税上都有较大的增长。中国产业调研网发布的中国健康养生行业现状分析与发展前景研究报告（2020 年版）认为，截至 2020 年底，全国共有保健食品生产企业 2 587 家。

此外，中医养生保健文化旅游产业和养生地产建设正在国内悄然崛起，并呈现出蓬勃发展之势。中医养生保健文化旅游将中医养生保健、中医医疗与旅游相结合，满足中外游人在休闲舒适的氛围里感受中医文化，接受中医调理，将中医推向世界；养生地产同样也将中医养生保健、中医医疗与日常居住度假相结合，打造了一种新的养生方式。

二、中医药健康服务的政策保障

2009 年，国务院下发《国务院关于扶持和促进中医药事业发展的若干意见》（国发〔2009〕22 号），首次以国务院名义发布中医药领域全面而系统性的指导意见，标志着国家把中医药事业摆在国家发展战略层面的重要地位。

2015 年 4 月，国务院办公厅印发了《中医药健康服务发展规划（2015—2020 年）》，这是我国第一个关于中医药健康服务发展的国家级规划，对于全面发展中医药事业、构建中国特色的服务体系具有十分重要的意义。这个规划当中提出了在切实保障人民群众基本医疗卫生服务需求的基础上，要充分释放中医药健康服务的潜力和活力，充分激发并满足人民群众多层次、多样化的中医药健康需求，力争到2020年基本建立起中医药健康服务体系，中医药健康服务成为我国健康服务业的重要力量和国家竞争力的重要体现，成为推动经济社会转型发展的重要力量。

2017年1月，《"十三五"卫生与健康规划》出台，明确提出要积极发展中医药事业。据此，国家中药管理局发布了《中医药事业发展"十三五"规划》《"健康中国2030"规划纲要》，明确了中医药事业发展指导思想、基本原则和发展目标。

2017年10月，党的十九大报告提出："坚持中西医并重，传承发展中医药事业。"这为中医药发展指明方向。党的十九大报告提出："人民健康是民族昌盛和国家富强的重要标志。要完善国民健康政策，为人民群众提供全方位全周期健康服务。"实施健康中国战略，建立中国特色医疗卫生体系，补齐健康服务的短板，让人人享有健康，离不开传统的中医药。中医"治未病"思想及其在防治现代疾病方面的优势和特色日益凸显，中医需要与现代医学相互借鉴、共同补充发展。

2019年，《中共中央　国务院关于促进中医药传承创新发展的意见》明确指出当前我国健康服务业的主要任务之一即"全面发展中医药医疗保健服务，提升中医健康服务能力，推广科学规范的中医保健知识及产品，要充分发挥中医医疗预防保健特色优势"。并给出一系列具体措施："推动医疗机构开展中医医疗预防保健服务，鼓励零售药店提供中医坐堂诊疗服务。开发中医诊疗、中医药养生保健仪器设备。推广科学规范的中医保健知识及产品。加强药食同用中药材的种植及产品研发与应用，开发适合当地环境和生活习惯的保健养生产品。宣传普及中医药养生保健知识，推广科学有效的中医药养生、保健服务，鼓励有资质的中医师在养生保健机构提供，保健咨询和调理等服务。"为全面加强中医药工作，开创中医药事业持续健康发展新局面提供强有力的政策支持。

第三节　中医药健康服务的管理

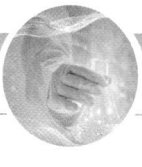

中医健康管理将中医药优势与健康管理相结合，以慢性病管理为重点，以"治未病"理念为核心，探索融健康文化、健康管理、健康保险为一体的中医健康保障模式。通过结构化设计、规范化模块的系列服务，全面防范疾病的发生、发展和变化，并在经济上实现可持续的健康保障，以实现"未病先防，既病早治，已病防变，瘥后防复"的目标，达到祛病健人的目的。中医药健康管理的实施包括中医健康管理服务体系的框架、构建原则、服务内容以及实施步骤。

一、中医健康管理服务体系的框架

中医健康管理基本框架包括：信息采集和中医体质辨识、中医健康风险分析与评估、中医药特色疗法综合干预。

（一）信息采集和中医体质辨识

（1）信息采集和体质辨识是构建体系的基础。信息采集包括3部分：个人基本信息和一般情况、中医体检、西医体检（理化检查）。其中中医健康体检是指在中医理论指导下，运用人体阴阳平衡，五脏相生相克的原理，结合传统的望、闻、问、切四诊合参，确定被检者的体质、脏腑、经络、气血的健康状态，整体评估当前的功能状态。为了使中医体检更加客观化、量化，为更多体检者提供服务。近几年，这方面的研究很多基本实现了体质判定的量化和标准化，下一步将研究脏腑、经络、气血、阴阳等健康状态的定性、定量判定。

（2）西医体检（理化检查）是目前健康体检的主体。目前功能医学检测在健康体检中的应用也十分必要。功能医学检测疾病表征背后的生理失衡。中医体检也是功能状态检查，但中医的宏观性和模糊性不容易被人理解，如果能与西医体检、功能医学检测相结合，采用多学科方法，从宏、中、微观三个层次分析健康状态构成要素，能够实现真正意义上的健康体检。

因此，对体质状况的观察辨识分型以及调理，不仅有助于积极预防各种疾病的发生，而且还能指导辨证施治，具有广泛的价值。国内学者编制了《中医种基本体质分类量表》，并制定了中国人群体质分类的标准化工具《中医体质分类判定标准》。该标准经中华中医药学会批准，认定为学会标准试行，在全国范围内推广应用。

（二）中医健康风险分析与评估

分析与评估是中医特色健康管理体系的重要环节。根据中医评估出来的体质类型（平和/偏颇）、当前功能状态、易患疾病，西医评估出来的理化指标、影像指标（正常/异常），个人基本信息和一般情况提供的信息，由专家进行健康综合评估，评估包括健康状态评估（健康、亚健康、亚临床、疾病状态）、疾病风险预测（某些疾病危险因素的增高与下降）、已患疾病、环境适应能力、心理指数、生存质量、生命周期中医诠释等。正确的评估是下一步干预调理的基础，十分重要。根据综合评估结果，由专家对下一步干预环节给出方案进行相应的人员分流。健康人群，给予辨体施养方案（零级预防方案）；亚健康、亚临床人群，给予亚健康状态调理方案（一级、二级预防），积极改善偏颇体质，增强自身的抵抗力，阻止相关疾病的发生。将疾病消除在萌芽状态，已病人群，可以安排门诊治疗、专家会诊或住院治疗（三级预防）。

（三）中医药特色疗法综合干预

综合干预是中医特色健康管理体系的核心内容。开设健康调养咨询门诊，对于亚健康、亚临床人群，运用中医的辨证论治，因人、因病、因体质的个性化处方用药多年的临床已经证明了它的有效性。规范应用中药、中成药、特色药方、药茶、药酒、药膳等，综合使用饮食调养、针刺、灸法、拔罐、推拿、穴位贴敷、足疗、药浴、熏洗（蒸）、药膳、刮痧、音疗、起居保养、四季养生、精神调摄、经络调理、医学美学等技术。重点有 5 类人群：0~6 岁儿童、孕产妇、老年人、高血压和 2 型糖尿病慢性病患者。规范的体检加完善的检后服务，这就是全方位的健康管理。而检后服务是健康管理成败的撒手锏。综合干预是中医特色健康管理体系最核心的内容，是维护健康的必要手段，是医生研究的重点内容。

二、中医健康管理服务内容

2011 年 9 月，国家中医药管理局发布了《基本公共卫生服务中医健康管理技术规范》，内容包括 0~6 岁儿童中医健康管理、孕产妇中医健康管理、老年人中医健康管理、高血压患者中医健康管理、2 型糖尿病中医健康管理等内容。2013 年 9 月，国家中医药管理局发布了《中医药健康管理服务技术规范》，包括老年人中医药健康管理服务技术规范和 0~36 个月儿童中医药健康管理服务技术规范。

中医药在慢性病预防保健治疗方面有着较大的优势，开展中医慢性病健康管理，能对高血压、糖尿病、肿瘤等慢性病进行有效的防控，大大降低中老年人群慢性病发生率和发生意外的风险。中医药保健内容包括食疗、中药内服、运动、导引、传统外治疗法等，对慢性病起到未病先防、已病防变的作用。以高血压为例，食疗、导引及养生功法有助于血压的控制，配合中药内服，能使部分患者血压恢复正常，对顽固性高血压及合并有较多症状的患者，中医药方法可起到减轻症状、协助降压、减少减缓靶器官损伤的作用。

三、中医健康服务与管理的实施步骤

（1）受理服务。指对准备加入健康管理前的来访、电话询问、网上提问等服务，和已经成为健康管理机构正式客户的相关服务，对所应得到的服务或疑问等事务的受理。该项工作十分重要，需要进行专业的培训，并对知识素质有相应要求。

（2）接待咨询。详细介绍健康管理服务的内容，能给对方带来的益处，服务的范畴、边界等，同时要热情大方，语气、语态亲近和缓，但不卑躬屈膝，更不要含糊其词、遮遮掩掩、大包大揽等。

（3）采集个人健康基础信息。是指通过各种方式获取相关信息与需求。信息收集是信息得以利用的第一步，信息收集工作的好坏，直接关系到整个信息管理工作的质量。采用"中医体质问卷"进行体质辨识，完成体质信息的采集。并采用中华医学会发布的"健康体检自测问卷（试行）"采集个人生活方式、行为习惯、运动情况、曾患病史、现病史、家族史、心理健康状态、医学检查等多项与健康相关的信息，包括家族史、膳食习惯（如谷类肉类、干豆类以及咸菜、酒类等摄入情况）、生活方式（如吸烟、睡眠、体力活动、锻炼、精神及社会因素等）、体格检查、实验室检查等。

（4）建立健康档案。健康档案内容是多方面的，且是动态变化、不断更新和填充的。健康档案管理内容包含：健康档案首页、个人健康信息表、病史摘要、既往健康体检报告（个人、群体）、最新健康体检报告（个人、群体）、健康检测与监测指标记录表、健康管理动态跟踪记录表、膳食管理日记表、运动管理日记表、健康咨询与反馈记录表、专家会诊与干预服务记录表、会员健康管理服务预约记录表、会员预约诊疗服务执行记录表等。所有表单按相应要求逐项填写清晰明了。

（5）中医健康体检项目设计。由中医师运用中医的望、闻、问、切四诊合参的方法对被检者整体的神、色、形、态做出一个大体的评判，进而再详细地了解局部面色、头颅、五官、九窍、经络、肌肤、手足、胸腹的具体表现；观察舌质舌苔与脉象；询问被检者以往身体情况、感觉状态、饮食喜爱、习惯爱好、疾病史等；注意甄别被检者的气味、声音等；辨别被检者的体质类型。然后从饮食调节、起居调节、情志调节、经络调节、音乐调节、用药调节、运动调节等各个方面指导被检者更好地进行身体保健与防病治病。

中医体检项目主要包括：① 健康问卷调查，采用中华医学会发布的"健康体检自测问卷（试行）"进行调查。② 中医体质辨识，采用"中医体质分类判定标准量表"对体检个体进行体质辨识。③ 中医经络检测，使用中医经络检测仪能够在 3~5 分钟迅速检测出客户的健康状况，包括五脏六腑的疾病、体能元气、精神压力、中医的阴阳虚实、心血管肿瘤、内分泌等人体各方面的健康状况，并且各个脏腑经络都有精确的数据显示。④ 体适能测评，体适能包括健康体适能和技能体适能两类，健康体适能包括身体成分、肌力和肌肉耐力、心肺耐力和柔软素质总共占 50 分；技能体适能包括灵敏、平衡、协调、速度、爆发力和反应时间共计 50 分。通过体适能检测仪分别对上述各项进行检测，检测分值越高，代表身体功能越好。

健康体检项目设计：针对不同年龄、不同人群、不同工作性质给予个性化的设计。健康体检项目设计：因人而异、个性化、针对性、时效性地设计，千万不要被利益驱使。由健康管理专家或健康管理师完成。

（6）体检时间安排与预约。做好提前各项事宜的安排和预约工作。体检时间安排与预约，由健康管理师负责填写"预约服务通知单"，与体检中心协调安排服务；健康秘书负责通知会员体检安排日期。

（7）体检报告汇总分析。体检报告汇总分析：由体检部门的终检报告部、健康管理部专业人员完成。体检报告汇总分析应从两个层面考虑：一是临床机体状态有无存在疾病的可能和诊断；二是健康状态有无健康风险因素和预测机体健康未来发展趋势。

（8）健康危险因素综合分析与评估。依据个人健康基础信息资料和体检报告的全面指导，进行科学的、客观的、综合的整体性分析和评估。风险评估所参考的信息不仅包括体检中的实验室和辅助检查，还包括中医功能检查，如中医四诊、经络功能与状态评估等,以及现代科技带来的先进功能检查,如身体成分分析仪测试、红外热成像仪扫描等。健康管理师通过以上信息分析目前机体健康存在的危险因素,通过分析评估制订健康管理干预计划和健康指导实施方案,提出具体管理服务措施,使个体健康得到改善。并制订健康管理干预指导方案。

(9)制订健康管理阶段性实施计划与方案。① 初期管理目标是首要管理改善问题的目标,即优先解决的问题,应是在短期内可得到改善的且效果显著的健康问题,针对主要问题提出具体实施计划和解决方案。② 中期管理实现目标是对于重点问题改善的情况要进行效果评定,对于次要问题要综合调和智能,提出具体实施计划和解决方案。③ 季度、年度管理目标与效果评价是根据上述管理目标实施与执行情况的考核,身体状况重新全面复查进行前后效果对比评价,对已改善的如何继续维护,对新发生的健康问题应进行及时补充、修订管理干预计划,最终实现最大程度的健康改变和健康促进。

电子资源—练习题

第八章 练习题

健康服务与管理导论

第九章

健康养老服务业

 学习目标

1. 掌握：健康养老服务业的基本概念和产业结构。
2. 熟悉：健康养老服务业发展基础；健康养老服务的需求。
3. 了解：国内外健康养老服务业发展状况以及我国健康养老服务业发展存在的问题；健康养老服务业服务质量管理和发展的管理。

随着经济持续的发展，人民生活质量的提高，广大群众对健康服务的需求不断增强。要认真执行政府职能，首要任务是落实保障老年群体的基本医疗卫生服务需求，与此同时，还要加大改革力度，增加社会力量参与度，协调发展老年基本和非基本健康服务业，把健康服务业发展成为层次丰富、内容多样的服务行业。这是有效满足人民迫切需要、全面提升人民健康素质、切实落实保障和改善民生的重要措施；也是提高该行业服务水平、扩大就业范围、促进经济高质量发展的重要抓手。

《国务院关于加快发展养老服务业的若干意见》（国发〔2013〕35号）提到，近些年来，我国加速建设发展健康养老服务业，健康养老服务体系初显现，其特点是以机构为依托、居家为基础。老年消费市场初步形成，老龄事业的发展初显成效。然而整体看来，该行业的建设仍然存在养老产品供不应求、市场发育的不健全、城乡发展的不平衡、养老服务不充分等问题。目前，我国老龄化进程已进入快速发展阶段。要加快发展健康养老服务业，有效满足日渐增长的养老服务需求，全面应对人口老龄化问题。加快发展健康的养老服务业，一是有利于保障和改善民生，推进经济社会持续健康的发展，促进社会和谐；二是有利于增加老年市场消费、扩大就业需求；三是有利于有效保障老年人合法权益，共享改革、社会发展的成果。

第九章　拓展材料

第一节　健康养老服务业发展基础

对整个社会的发展而言，健康的国民是重要的基础和保障。国民健康是经济持续向上发展、社会不断进步和民族经久不衰的重要保障。发展健康养老服务业是一项重要民生工作，是有效解决人民群众的实际问题、帮助老年群体过上健康幸福的生活、维持和谐友爱的家庭关系、建设和发展社会主义和谐社会的重要内容。

一、健康养老服务业的概念和产业结构

养老服务业是为了满足老龄人口特殊的生活和精神需求，而向其提供生活照顾、护理服务与精神关怀的服务行业。《国务院关于加快发展养老服务业的若干意见》（国发〔2013〕35号）指出，到2020年，养老服务体系应达到以居家为基础、社区为依托、机构为支撑、功能完善、规模适当、覆盖城乡的基本要求，同时应完善养老服务市场机制，丰富养老服务产品，保证养老服务行业持续向上发展。

健康养老服务业则是将健康的理念充分地与养老服务相融合，以此满足日益增长的健康养老需求。就产业结构而言，健康养老服务业是一项辐射面广、产业链长的综

合性产业，涵盖健康养老便捷服务、医疗康复服务、智能健康养老服务、健康文体娱乐服务、养老用品服务、健康养老保险服务等众多产业。

二、健康养老服务业的发展基础

（一）政策基础

2013年，《国务院关于加快发展养老服务业的若干意见》（国发〔2013〕35号）中提到，发展养老服务业需要从我国国情出发，把满足老年群体日益增长的服务需求作为出发点和落脚点，努力提高养老服务水平，将其建设成应对老龄化问题、保障和改善民生的一股重要力量。随后几年又出台了系列关于养老保险办法的文件。2016年，《国务院办公厅关于全面放开养老服务市场提升养老服务质量的意见》（国办发〔2016〕91号）提出要深化改革，开放发展养老服务市场；鼓励创新，提升服务专业水准、增加服务效益；强化监管，优化养老环境。明确指出养老服务业的发展目标：到2020年，服务水平得到提高，养老产品与质量有效功能大幅提升，群众满意度更高，养老体系更完善，老年市场更开放。

2017年，《国务院关于印发"十三五"国家老龄事业发展和养老体系建设规划的通知》（国发〔2017〕13）号）提出了"以人为本，共建共享；补齐短板，提质增效；改革创新，激发活力；统筹兼顾，协调发展"的基本原则。2019年，《国务院办公厅关于推进养老服务发展的意见》（国办发〔2019〕5号）提到养老服务市场发展不平衡不充分、服务水平较低、供给不足且不能完全满足老年人需求等问题相当突出。而现阶段应持续完善养老服务体系，达到居家为基础、社区为依托、机构为支撑、医养相结合的整体水平，大力推动供给侧结构优化、质量持续完善、消费潜力完整释放，有效满足老年人多方面需求，提高老年人幸福感。

（二）经济基础

我国已经进入老龄化社会，而我国经济虽一直平稳健康发展，但仍然未达到全面富裕，现在我国处于一种"未富先老"的状态。我国经济总体水平处在世界前列，但人均GDP处于中下游阶段，老龄化程度达到发达国家水平，老龄化给我国经济发展带来极大挑战。

（三）人口基础

我国人口数量一直位居全球各国的首位，并在2019年，人口数量已经突破14亿，老龄化总人数已经达到25 388万人，人口占比18.1%，并且老龄化还有加速的趋势。由此可见，老龄化人数逐渐增多，养老服务需求也不断增加。我国老龄化增长速度快，高龄化特点突出，城乡老龄化差距大，农村老龄问题突出，养老保障问题加剧。人口老龄化增加了年轻一代的压力，增大了社会的养老负担，国家解决人口老龄化和养老服务问题迫在眉睫。

三、健康养老服务的需求

根据 2021 年第七次全国人口普查数据，60 岁及以上人口占总人口的 18.7%，65 岁及以上人口占总人口的 13.5%。根据世界卫生组织预测，到 2050 年，我国或将成为全球人口老龄化最严重的国家，老年人口占比或将达到 35%。2010 年，我国老年人健康市场所占市场规模约为 4 199 亿元，在 2018 年发展到 22 456 亿元。由此可见，老年人服务消费市场有巨大潜力，健康养老服务也将逐渐成为经济发展强有力的新支撑产业。我国养老服务业正由起步阶段向发展阶段转换，现下养老机构不足、具有职业资质的护理人员短缺等问题突出。在政府和社会市场的共同作用下，为老年群众提供生活照料、健康服务、文化娱乐、旅游、特色金融服务等为主的健康养老服务业将迎来巨大发展机遇。

老龄化人口的不断增长，使得老年人对养老健康服务的需求呈现复杂化和多元化的迅猛增长态势。中国保健协会副理事长贾亚光指出："由于我国老龄化进程的加快、老年人口数量的上升，失能或半失能的高龄老人数量大幅度增加，老人生活照料和医疗卫生需求叠加的痕迹越来越明显，老人健康养老服务需求日渐增强。"

健康养老服务需求主要包括：

（一）日常照料服务需求

老年人身体器官机能下降，在日常生活中存在着不同程度的障碍，往往需要他人协助。"老年日常照料需求"是指，由于身体以及心理的变化直接或间接地导致老年人在日常生活上、生理需求以及心理需求方面需要他人照顾或是帮助的程度，通常也是有客观需求和主观需求之分。而这些需求一般而言是指家务照料需求、身体照料需求、疾病照料需求、心理照料需求以及认知护理需求五个方面。现在大多老年人主要由其配偶或子女进行日常照料。而其子女因工作繁忙，对老年人也只能做到饮食起居方面的照顾，在心理沟通与交流方面甚少。

（二）医疗保健服务需求

由于年龄的增长和器官功能的衰退，一般而言，老年人患慢性病的概率会有所提高，而在当今社会发展的背景下，老年人的保健意识也在增强，对医疗保健服务的需求显著提高。虽然我国近些年建立了较多更加标准化、专业化的医疗卫生机构，并且医疗卫生事业的发展势头也有所增强，然而专用于老年人服务的医院、机构，适合老年人的慢性病康复治疗、照料机构以及临终病人的关怀机构还是很少，远远不足需求量。至于专门的老年病科室，更是连很多大型医院也都未设立，目前卫生医疗服务还不能满足老年人口增长带来的巨大需求量。

（三）文体娱乐服务需求

《"十三五"国家老龄事业发展和养老体系建设规划》提出，要全力发展老年教育，丰富老年人精神文化生活，加强对老年人的精神文明关怀。当今，我国人口老龄化人口数量庞大且增长速度极高，并且不同阶层老年人差异巨大，收入水平不同，文化修养有差距，要完全满足老年群体较大差异的文化需求，必将经历一个长期的过程。调查结果显示，目前我国老年人的文化活动空间明显不足，而且文化服务和消费产品还不够丰富，整体看来，我国老年文化生活是相对匮乏的。因此养老服务急需补上"文化课"。

（四）精神慰藉服务需求

随着年龄的增长、人际关系的减少、交往圈子的变窄等，老年人更容易产生焦虑、抑郁、强烈的孤独感等心理问题。而目前，我国主要侧重物质和服务保障两方面的养老保障体系的建设，往往忽略了老年人在社会交往和精神慰藉方面的需求。因此，为老年人提供健康的生活指导、日常陪伴、情感沟通、不良情绪干预、心理疏导等精神慰藉服务显得尤其重要。

（五）教育服务需求

随着生活条件越来越好的发展，越来越多老年人向往的是一种"老有所学""老有所乐"的生活，老年文化教育逐渐成为众多老年群众的新需求。当下这种需求越来越大，但目前市场能提供给老年人的教育服务却是凤毛麟角，有的地区老年大学面临着"一座难求"的现状，甚至多数地区并无老年大学。老年教育能让老年人更多地融入社会，扩大与社会的交流，为其科学健康的养老提供有力保障。《国务院办公厅关于推进养老服务发展的意见》（国办发〔2019〕5号）提出，要大力发展老年教育事业，特别是要优先建设、发展社区化老年教育，构建出一条"县（市、区）—乡镇（街道）—村（居委会）"老年教育办学网络，以便老年人能就近学习。

（六）再就业服务需求

有调查发现，拥有专业技术的老年人，退休之后或可再应聘到公司或是被返聘，从事比较专业的工作。然而不具备专业特长的老年人，也有再就业的需求，对于他们而言，再就业存在一定的局限性，主要工作岗位集中于保洁、保安等。我国城镇老年人约有1/3都有再就业需求，因此为其提供再就业服务或将是积极应对老龄化问题和促进社会健康可持续发展的有效途径之一。

第二节 健康养老服务业发展现状

一、国内健康养老服务业发展现状

（一）养老服务政策初成体系

2013年，《国务院关于加快发展养老服务业的若干意见》（国办发〔2013〕35号）之中就养老服务业的发展问题做出了基本规划。在那之后，政府以及相关职能部门颁布了一系列与发展养老服务业相关的政策措施和改革举措，同时也鼓励社会力量踊跃参与其中。颁布的一系列政策涵盖有养老场地用地、养老机构的管理办法以及行业人才培养等多个方面。同时某些地方政府也制定了一系列配套政策与实施意见，如北京、上海等制定了养老服务专项地方性法律法规，还出台了一系列措施，如信息化平台、居家社区养老补贴、购买服务等。

（二）社区居家养老网络平台初步建立，但服务内容单一

依托城乡社区公共服务综合信息平台，以失能、独居、空巢老年人为重点，整合建立居家社区养老服务信息平台、呼叫服务系统和应急救援服务机制，实施"互联网+"养老工程。目前我国养老服务产业主要分为两部分，一是传统的养老机构，这些机构只为老年人提供吃穿住行以及医疗服务两方面的照顾服务，并不能给予老年人更多的温暖关怀、精神慰藉、心灵沟通、心理疏导等个性化、专业化的服务。二是社区居家养老服务，先前是与家政服务一体的居家养老模式，而现在逐渐实施"互联网+"的养老模式。

（三）"医养护"相结合的养老服务迅速发展

《"健康中国"2030规划纲要》对"医养结合"模式进行了重点阐述。该规划的颁布预示着我国的健康养老服务步入实战阶段。"医养护"发展模式主要包括：①养内设医模式，即在现有养老机构中设立医疗机构，以便为老人提供更专业、更有效的护理型养老服务。②医内设养模式，即在医院直接建立养老专业机构，可充分利用医疗机构专业优势，创造出规模宏大、专业性高的医养结合老年服务机构。③医养结合模式，即医疗资源不充足的养老机构与没有养老条件的医疗机构合作开展项目，实现资源的有效整合再利用。

二、国外健康养老服务业发展现状

美国主要由政府和社会共同承担起老人养老问题，政府在解决养老问题方面出台

了一系列法律法规文件，形成了较为完整的社会养老保障体系。美国的养老体系是社区居家养老与专业长期照顾相结合的模式，专业长期照顾是由专业的医疗服务提供给老年人的，其中专业医疗照顾服务的费用大部分源自个人医疗保险和资金救助，这种专业医疗照顾居家养老服务也逐渐受到美国民众的支持，成为主要养老服务形式之一。美国的"居家养老院"是全球最大的非营利性老年照顾机构，在全球范围内有众多分支机构。

日本主要的养老方式是亲属照顾居家型养老，该国极力支持居家型养老，并无规模较大的养老机构，但也有一些规模较小、功能较齐全的社区养老院，并结合上门服务，让老年人尽量在家中养老。在该养老方式背景下，日本当局也出台了一系列较为完善的法律体系，其中包括《介护保险法》《老人福利法》《老人保健法》等。其中《介护保险法》是老年人享受养老服务的重要保障，并且该保险法中包含多项给付服务，约覆盖护理支出的90%。日本养老服务还具有两大特点，一是养老服务细致周到，体现在介护人员定期上门进行服务，包含护理、医疗照顾、康复治疗等，养老机构对待失能老年人特别提供有专职服务团队。二是专业的护理培训体系，日本对介护服务极其重视，具有规范、系统、专业的培训制度，并将介护人才培养纳入正规学历教育系统。

英国是发达国家中老龄化最严重的国家，也是全球最早建立起社会保障制度和社会服务制度的国家之一。英国发展养老服务业之初，养老产业主要是政府建立的养老机构，在20世纪90年代之后，英国开始鼓励私营部门和志愿组织参与养老服务发展，将该事业向产业化和市场化转移。并在社会福利服务领域建立起了"准市场"机制，构建出福利社会。众多国家和地区纷纷效仿英国的社区养老服务，只因其真正做到了官办民助、以人为本，同时还达到了社区化（去机构化）、多样化、专业化水准，受到广泛认可。英国养老服务种类繁多，除居家养老和社区养老模式之外，老人还可以根据自身不同的需求又或是家庭经济情况等要求老年公寓、日间照护服务、养老院等多种多样的服务。

三、养老服务业发展存在的问题

我国养老服务产业正处于逐步上升、发展的阶段，而在此过程中已然出现了多方面的问题。长期以来，我国主要是依靠国家兴办的养老机构和医疗卫生机构来满足众多养老需求，而现阶段养老服务行业的市场化、专业化水平尚且不足；并且行业结构发展不平衡、不充分问题突出，老龄文化服务水平低、发展迟缓，而老年人康复护理治疗发展相对较快，水平也较高。此外，专业养老服务护理人才短缺，缺少规范化培训；养老服务产品不够丰富，并缺乏针对性与创新性，专业水平低。

主要问题概括为以下方面：① 养老资源以及老年医疗卫生资源供不应求，且资源利用不到位；②老年人医疗卫生需求普遍较高，医疗服务专业水平较低；③从事老年医疗卫生服务的专业人才缺乏，教育培训体系不健全；④各方监管不足，养老政策落实困难，行业无序发展。

第三节 健康养老服务业管理

一、健康养老服务质量管理

（一）服务管理

良好的服务管理是健康养老服务业良性发展的一个必要条件。国家也对服务方面的管理提出以下要求：首先是要建立行业内基本管理制度，包括行政办公、安全管理等多方面有利于行业发展的管理制度。其次是定期对老年人身体健康进行评估，将老年人健康信息档案化。在对老年人进行服务时应当详细记录服务过程，服务机构各项事务应当按照国家规定执行。而最重要的便是对服务的老年人信息的管理，以确保老年人信息保密而不泄露。

（二）人力资源管理

人力资源管理是健康养老服务业又一重要管理方面，其应当明确各岗位工作人员的职责，养老护理人员配置能够达到服务需求。在整个养老环境下，应配有专业的安全管理人员，以确保老年人在该环境下安全健康养老。对于养老机构服务的工作人员，应当有专业的培训，具备足够的养老服务专业知识，医护人员应当具有执业资格证书。对工作人员定期开展专业培训，定期组织工作人员健康体检，保证老年人在健康环境中健康养老。

（三）环境设施管理

一个良好的环境更适宜老年人健康养老，健康养老服务更应该注重环境设施的管理。对于养老场所，应当设立一些禁烟区，在有必要时，划分出特定的吸烟区域；再者是环境垃圾问题，应当设立专门的垃圾存放区域，并分类管理、分类存放。对于养老设施设备方面，首要问题是保证老年人使用的安全性，若某些设备有尖锐的地方，应做软包处理，防止老年人受伤。在各种场所合理设置一些呼救装置，例如浴室、卫生间等。大多数老年人都有行动不便的烦恼，因此在养老场所应当尽量多配置无障碍设施，如卫生间、安全扶手、防滑地面等。

二、健康养老服务业发展管理

为有效推进健康养老服务业良好发展，2019年，《国务院办公厅关于推进养老服务业发展的意见》（国办发〔2019〕5号）对后续发展与建设做出了合理部署。

（一）深化放管服的改革

首先是要建立起行业内的综合监管制度，建立与完善各尽其责、各司其职的监管机制，对养老机构的改革逐渐深化，充分发挥公办养老机构兜底保障作用。聚焦养老行业减税降费，减轻行业税费负担，研究非营利、公益化的养老机构所得税支持政策。政府与社会应全力支持养老机构规模化、连锁化发展，打造出行业内极具影响力和竞争力的成功品牌。政府做好政策引领工作，保证养老服务领域信息公正公开。

（二）拓宽养老服务业投资、融资渠道

加大市场化、标准化、规范化的养老服务公司的上市力度，着力解决发展养老服务机构的投资融资问题。根据企业资金回流情况，制定科学合理的设计发行方案，扩大养老服务产业相关企业的发展规模。

（三）扩大养老服务行业的就业与创业

制定并实施养老护理人才职业资格标准，建立健全专业护理人才等级认定与教育培训制度。在基层开发养老服务岗位，优先吸纳高校毕业生在此岗位就业，加强从事养老服务人员职业技能培训和就业指导，有效推进专业人才吸纳与就业。

（四）扩大养老服务消费

建立健全居家社区、机构的专业化长期照顾服务体系，完善全国老年人能力评估标准，全面建立经济困难失能老年人、高龄老年人补贴制度。发展养老普惠金融，不断改进养老基金资产配置方略。制定老年人消费目录，开发适宜老年人的健康营养饮食产品，促进消费增长。严厉查处针对老年人的欺诈等各种违法犯罪行为，加强老年群体消费维权，全面整治养老服务行业非法集资行为。

（五）促进养老服务水平高质量发展

推进医疗卫生机构和养老机构合作发展，发挥不同领域专业互补优势，从整体上提升医养结合服务能力。有效促进农村、社区医养结合，提升服务质量。支持养老机构运营街道社区相关的条件设施，从实际情况出发，为不同情况的居家老年人提供各自相应的服务，推动社区、居家和机构养老相融合发展。利用现代社会在大数据和人工智能等多方面在养老服务领域上的应用，有效推动智慧健康养老服务业发展，实施"互联网＋养老"行动。建立并不断完善有关老年人的服务体系，发挥供需对接、专项服务的引导作用；全力发展线上线下老年教育事业，建立全国老年教育公共平台，优先在有条件的社区发展老年教育，丰富老年人精神文化和休闲娱乐生活。

（六）推进健康养老服务基础设施设备建设

充分发挥政府投资引导作用，有效利用社会资源，支持特困人员供养服务设施建设，对特困人员供养服务设施进行改造提升。采取政府补贴等方式，按照《无障碍设计规范》，对失能、特困供养、残疾老年人家庭实施适老化改造。排查各种养老服务设施设备建设不符合标准的情况，落实分区规划建设要求，完善工地政策。

电子资源—练习题

第九章　练习题

健康服务与管理导论

第十章

健康体检业与健康保险业

学习目标

1. 掌握：健康体检的概念；健康保险的概念；健康体检的服务流程。

2. 熟悉：健康体检机构的类型；健康体检机构的设置；健康保险业的框架。

3. 了解：健康保险业和健康旅游业的发展前景；健康支撑产业和健康旅游业的内涵以及特点。

第一节  健康体检业

早在 1861 年,英国的 Horace Dobell 就提出定期性综合性的检查可以预防罹患疾病及死亡,同时强调,对于没有明显疾病的市民,如果能够由受过良好教育的医生们来进行包括家族史、个人病史、生活环境、生活习惯的调查,对身体器官的状态、机能及体液、分泌物等做显微镜的检查等,将检查结果以非口头的报告书来通知,并给予必要的建议的话,对于民众的健康是有益的。1908 年,美国政府开始对士兵进行旨在衡量健康素质的体检。1947 年,美国医药协会提出了最早的"健康体检"概念,并建议每个 35 岁以上的健康人每年做一次全面的身体检查。

健康体检是一种医疗行为,是通过医学手段和方法对无症状个体或群体健康状况进行身体、心理检查,了解受检者身心健康状况,从而早期发现疾病线索和健康隐患的诊疗行为及过程。通过对自身身体功能的了解和不良生活方式的剖析,在体检过程中获取健康知识、树立健康观念、提高健康素养,改变不良生活方式,避免致病危险因子产生。健康体检最重要的是为健康管理提供分析、评估、指导的依据,实现疾病防治关口前移,最终达到以最小的投入获取最大的健康产出的目的。

一、健康体检业的发展现状与发展趋势

随着我国居民健康意识逐步增强,居民人均医疗保健支出逐年增长,有力推动了健康体检行业的发展。2013 年,我国城镇居民人均医疗保健支出为 1 336 元,2017 年上升至 1 777 元,农村居民医疗保健支出为 668 元,2017 年上升至 1 059 元。据统计,2018 年第一季度我国城镇居民和农村居民人均医疗保健支出分别为 506 元、325 元。总体来看,农村居民人均医疗保健支出普遍低于城镇居民,但随着农村居民生活条件的改善,该项支出有较大的上升空间。

健康管理在我国兴起的时间不长,以健康体检为主要形式的健康管理服务体系尚不健全。构建体检数据标准化与应用体系是控制体检质量和优化服务流程的核心工作,是提供精准健康管理服务的重要前提。

(一)与互联网医疗结合

目前,国家出台了一系列相关政策促进"互联网+"医疗健康发展,例如加快了二级以上医院提供检查结果查询等线上服务,允许医疗机构开展部分常见病、慢性病复诊等互联网医疗服务。医生通过可穿戴设备收集生理健康信息,并以此为基础进行大数据分析,判断用户的身体状况或病情发展,给予其健康指导,未来"互联网+"医疗健康发展将成为健康体检业发展的趋势之一。

（二）用于医学对照研究

健康体检可以获取人群的生理生化检查数据，用于医学研究，创造科研价值。满足研究条件的健康人群体检数据可以作为患者群体的对照组，通过分析疾病相关的遗传学、血清等信息，发现早期诊断的生物标记，为研究病因和发生机制提供线索，进而可能实现疾病早期精准防治。因此，健康体检行业的发展对于促进医学研究的发展具有重要作用，二者相互促进，彼此互补，这也在一定程度上推动了健康体检行业的发展。

（三）运用新技术发展个性化健康体检

个性化健康体检是健康体检发展的主要趋势之一，随着数据的日益增多和分析技术的不断进步，将人工智能、机器学习方法应用于医疗辅助诊断和疾病风险分析的情况越来越多，开发智能化体检数据分析系统，提高体检机构的工作效率，可降低运营成本，为受检者提供更加方便、快捷的服务，实现健康体检机构资源整合和信息挖掘的目的。

二、健康体检机构

（一）健康体检机构的分类

按照体检机构的性质、隶属关系、运作模式等，可将体检机构分为综合医院设立的体检中心和独立的专业化体检机构。在各级综合医院中的体检中心，一般有"医检共用"和"医检分离"两种模式。

（二）健康体检机构的设置与管理

1. 健康体检机构场所

针对独立体检及候检场所，要求场地设置要与功能实现相符合，并做到医检分离。建筑总面积不少于400平方米，医疗用房面积不少于总面积的75%，每个检查室面积不少于6平方米，物理检查和辅助检查项目独立设置。整体建筑设施执行国家无障碍设计标准，符合消防、安全保卫、应急疏散等功能要求。体检区域应当有空气调节设备，保持适宜温度和良好通风，各物理检查科室和辅助仪器检查项目独立设置并有规范、清晰、醒目的标识导向系统。设置医疗废物暂存处，实行医疗废物分类管理。健康体检中心的建设，在执行本标准的同时，还应当符合国家现行的相关标准和规范。

2. 体检机构科室设置

依据《健康体检管理暂行规定》及健康体检中心的发展与职能而确定。

（1）检前服务部。咨询室、登记处。

（2）临床检查部。一般检查、内科、外科、眼科、耳鼻咽喉科、口腔科、妇科、体检结论与检查。

（3）医技检查部。包括采血室、检验科、超声科、心电科、放射科、功能检查科。

（4）资料核对部。负责各项化验、影像学、功能检查等报告单的查找、追踪；导检单的保管及整理；终检报告的核对。

（5）报告终检部。出具健康体检报告及健康管理方案；对重大阳性体征、危急值进行及时登记及处理。

（6）检后服务部。负责随访、健康宣教、满意度调查；对重大阳性体征及危急值进行通知、反馈及就医指导。

（7）健康管理部。对当前和未来疾病发生风险进行评估，制定健康管理方案，进行干预、追踪、评价及管理。

（8）客户服务部。负责团体体检接待与维护，体检投标工作对外宣传；投诉接待与处理。

（9）后勤管理部。负责餐饮的保障与安全；院内管理与保洁；突发事件应急处理；消防安全巡查与培训。

（10）信息管理部。有条件的体检中心可单独成立，尚未成熟的可并入医院信息中心统一管理，主要负责信息开发、系统维护、信息安全等。

3. 体检机构人员要求

① 至少有 2 名具有内、外科副高级及以上专业技术职务任职资格的执业医师，经设区的市级以上卫生健康行政部门培训并考核合格，负责审核签署健康体检报告；每个临床检查科室、医技检查科室至少有 1 名具有中级及以上专业技术职务任职资格的执业医师。② 至少有 10 名护士，其中至少有 5 名具有主管护师及以上专业技术职务任职资格。③ 医技人员应当具有专业技术职务任职资格和相关岗位的任职资格。④ 质量安全管理、健康管理、医院感染管理、体检资料管理、信息、设备、消毒供应室等部门应当配备满足健康体检需要的相应人员。

（三）体检机构工作流程

1. 检前工作流程

（1）预约。确认体检时间、告知体检注意事项和做好检前准备等。

（2）检前咨询。提供咨询服务，制定个性化体检套餐等。

（3）前台服务。建立电子档案、办理缴费、打印导检单及条码、身份核对、咨询解答等。

2. 检中工作流程

（1）问卷调查。了解受检者健康状况和健康风险因素。

（2）餐前检查。主要包括一般检查、采血、上腹部超声、14 碳呼气检测。

（3）就餐。防止因空腹时间过长引起过度饥饿，避免诱发潜在的疾病风险。

（4）餐后检查。物理检查、实验室检查、心电图 X 线检查、超声检查（如心脏超声、甲状腺超声、妇科超声等）、功能检查。

（5）特殊检查。如胃镜、直肠结肠镜、动态心电图、阴道镜、乳腺钼靶、CT、MRI 等。

3. 检后工作流程

（1）出具体检报告。汇总分析体检数据，采用双审制度出具报告。

（2）体检报告解读。使受检者了解自身健康状况及存在的危险因素，提出健康建议。

（3）检后医疗服务。指导受检者进行深度检查、就医或多学科会诊。

（4）健康管理方案。针对受检者存在的危险因素，制定健康管理方案。

（5）检后跟踪随访。开展针对性健康教育；对异常检测指标进行追踪、干预和评价，及时调整管理方案。

另外，应急事件处理流程包括：环境风险应急事件（含受检者跌伤、消防器材和安全通道问题、停水、停电、断网等）、疾病风险应急事件（采血时引起晕厥、心脏骤停；紧张诱发高血压、心绞痛等旧疾；空腹引发低血糖反应等）。建立健全对突发事件的应急管理、分级责任点面结合、以属地管理为主的应急管理体制，同时建立健全应急保障体系。对突发事件的处理应防患于未然，预防和应急相结合，采用培训、检查、演练、考核等方式，提高全科人员应急处置能力。

三、健康体检的主要技术

（1）物理检查。物理检查通过运用视诊、触诊、叩诊、听诊、嗅诊的方法，初步了解体检者的健康状况、发现疾病的线索以及协助诊断疾病，是健康体检医生必须掌握的基本技能，是健康体检的第一步。

（2）医学检验检查。医学检验是运用物理学、化学、生物学、免疫学、遗传学等技术方法，对人体血液、体液、分泌物、排泄物及组织细胞等进行检验，协助明确诊断。

（3）影像学检查。超声检查在现阶段健康体检中起着重要作用，通过腹部、泌尿系统、妇科、乳腺、甲状腺、心脏、颈部动脉、四肢血管等超声检查，及时发现这类组织、器官的异常变化。放射影像学检查应用于健康体检，为早期发现疾病提供了重要的技术支持，常用的放射影像检查有 X 线、CT、MRI。

（4）功能仪器检查。功能检查是临床诊疗过程中的一项重要手段，体检中常用的有：肺功能检测、心功能检测、脑血管功能检测、骨密度检测、健康体适能、人体成分分析等。

（5）内镜检查。健康体检内镜检查作为消化道疾病诊疗重要工具，发现消化道癌前病变、早期肿瘤、隐匿疾病等，在健康体检中起着重要作用。

四、健康体检流程

健康体检流程如图 10-1 所示。健康体检注意事项：检前告知受检者检查时间、陪伴、饮食、活动、用药、着装等方面注意事项。检查时受检者需精神放松，向主检医生如实告知既往病史，详细了解留取标本注意事项等。检后注意保护受检者隐私权、知情权和选择权。

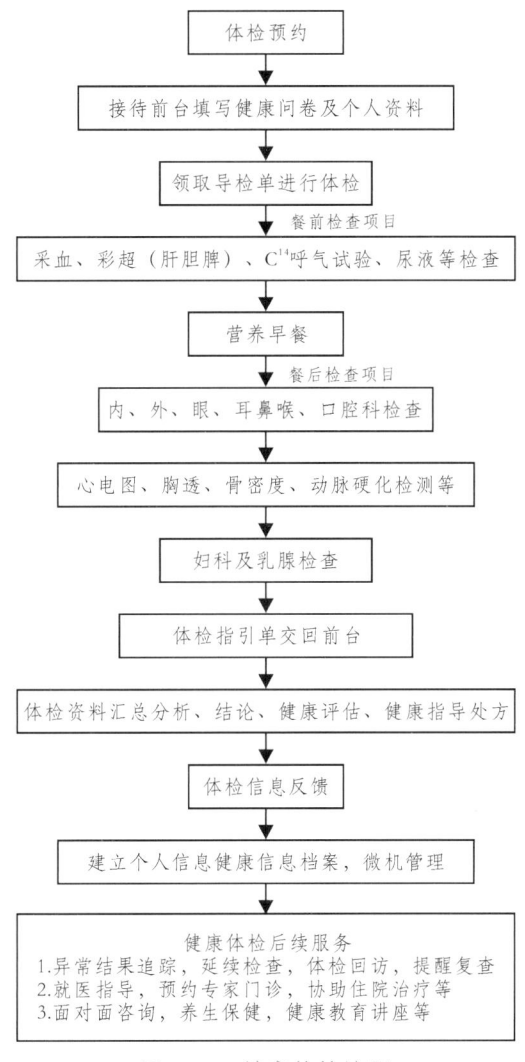

图 10-1　健康体检流程

五、健康体检检后服务

（1）危急值与异常结果处理。体检中发现的异常情况，并具有重要临床意义的检查结果，需立即复查、进一步检查或转介临床专科诊治。按照健康体检发现的重要异常结果的危急程度及干预策略将检后重要异常结果分成预警 A 及预警 B。

预警 A：需要立即进行临床干预，否则危及生命的重要异常结果，即危急值。

预警 B：需要临床进一步检查以明确诊断或需医学治疗的重要异常结果。

（2）检后随访工作。健康体检完成后，由检后服务部对体检客户进行定期随访。随访周期根据健康状况中异常结果严重程度分级而定。

（3）疑难报告会诊。对于体检发现需要多学科诊治的病人，可申请疑难病会诊。

（4）预约就诊服务。对于异常结果需要转介临床诊治的客户，可提供预约就诊服务。

（5）健康宣教。通过面对面或者网络平台等方式进行宣教。

六、健康体检机构管理

（一）健康体检质量管理

① 卫生专业技术人员配置符合《健康体检中心基本标准（试行）》的规定。② 应当建立机构内部质量管理体系，保证质量管理体系运行有效。制定质量目标，并根据目标要求定期检查。对重点环节和影响医疗质量安全的高危因素进行监测、分析和反馈，提出控制措施。③ 应当严格落实各项规章制度，做好培训、执行、分析及改进记录。④ 健康体检各项检查应当严格按照相关技术规范、标准和操作规程。⑤ 健康体检至少应当包括健康问卷、临床科室检查、实验室检查、辅助仪器检查内容。健康体检项目宜分为基础体检项目和备选体检项目，受检者可结合自身健康状况，在医生专业指导下选择适宜的体检项目。⑥ 健康体检报告应当符合以下要求：健康体检报告应当客观、准确、完整，规范使用医学术语，表述准确，语句通顺。健康体检报告应当包括受检者在本机构体检的唯一标识、受检者基本信息、疾病史、家族史等。质控管理部门应当定期对体检报告质量进行抽检，抽检量不低于 3%。⑦ 应当制定并落实工作人员培训计划，并进行考核，使工作人员具备与本职工作相关的专业知识和技能。建立技术人员专业知识更新、专业技能维持与培养的医学继续教育制度和记录。⑧ 应当按照规定使用和管理医疗设备、医疗耗材、放射防护用品、消毒药械和医疗用品等。

（二）安全管理

① 健康体检中心应当具有应急处理能力，建立各类应急处置预案（如晕针、针刺伤、低血糖、跌倒、心脏骤停、停水、停电、信息系统故障等），并定期开展应急处理能力培训和演练。② 应当按照国家有关法规加强信息安全管理，做好受检者信息资料备份保存及隐私保护。③ 应当按照国家有关法规做好消防安全管理。④ 应当配备必要的安全设备和个人防护用品，保证工作人员能够正确使用。⑤ 健康体检中心应当加强医院感染预防与控制工作，建立并落实相关规章制度和工作规范，科学设置工作流程，降低医院感染的风险。⑥ 建筑布局应当遵循环境卫生学和感染控制的原则，做到布局合理、分区明确、标识清楚，符合功能流程的基本要求。⑦ 应当严格执行医疗器械、器具的消毒技术规范，并达到以下要求：进入受检者组织、无菌器官

的医疗器械、器具和物品应当达到灭菌水平。接触受检者皮肤、黏膜的医疗器械、器具和物品应当达到消毒水平。各种用于注射、穿刺等有创操作的医疗器具应当采用一次性耗材。消毒药械、一次性医疗器械和器具应当符合国家有关规定。一次性使用的医疗器械、器具不得重复使用。医务人员手的卫生应当遵循《医务人员手卫生规范》。⑧ 应当按照《医疗废物管理条例》及有关规定对医疗废物进行分类和处理。⑨ 与就近具有救治能力的医院签订急危重症受检者处理与转诊协议。

（三）监督与管理

① 各级卫生健康行政部门应当加强对辖区内健康体检中心的监督管理，卫生健康监督机构每年现场监督检查不少于一次，发现存在质量问题或者安全隐患时，应当责令其立即整改。② 各级卫生健康行政部门履行监督检查职责时，有权采取下列措施：对健康体检中心进行现场检查，了解情况，调查取证。查阅或者复制质量和安全管理的有关资料，采集、封存样品。依法责令停止违法违规行为。③ 对于违反有关法律法规和规定的，卫生健康行政部门应当视情节依法依规进行处罚，构成犯罪的，应当依法追究刑事责任。

第二节 健康保险业

一、国家健康保险的框架

我国医疗保险体系主要由社会医疗保险（包括基本医疗保险、城乡大病保险、城乡医疗救助）、长期护理保险制度、补充医疗保险和商业健康保险组成。

（一）国家基本医疗保险制度

1. 城镇职工基本医疗保险制度

城镇职工基本医疗保险制度是我国职工医疗制度改革迈出的重要一步，旨在建立社会统筹与个人账户相结合的基本医疗保险模式。1994年，国家经济体制改革委员会、财政部、劳动和社会保障部、原国家卫生部联合发布《关于职工医疗制度改革的试点意见》，提出改革试点的内容包括"职工医疗保险费用由用人单位和职工共同缴纳；建立社会统筹医疗基金和职工个人医疗账户相结合的制度等"。1998年，国务院发布《国务院关于建立城镇职工基本医疗保险制度的决定》（国发〔1998〕44号），要求在全国范围内进行城镇职工医疗保险制度改革，提出"城镇所有用人单位及其职工都要参加基本医疗保险，实行属地管理；基本医疗保险基金实行社会统筹和个人账户相结合"。至此，我国城镇职工基本医疗保险制度确立，并伴随着国民经济的发展不断调整和完善，成为职工医疗开支的基础性保障制度。

2. 城乡居民基本医疗保险制度

当前城乡居民基本医疗保险是由城镇居民基本医疗保险、新型农村合作医疗整合而成。

（1）新型农村合作医疗。简称"新农合"，是指由政府组织、引导、支持，农民自愿参加，个人、集体和政府多方筹资，以大病统筹为主的农民医疗互助共济制度。采取个人缴费、集体扶持和政府资助的方式筹集资金。农村合作医疗是由我国农民自己创造的互助共济的医疗保障制度，在保障农民获得基本卫生服务、缓解农民因病致贫和因病返贫方面发挥了重要的作用。

（2）城镇居民基本医疗保险。城镇居民基本医疗保险制度是完善城镇医疗保障体系的重要组成部分，建立城镇居民基本医疗保险制度的目的是解决城镇非职工居民的基本医疗需求，通过统筹共济保障居民住院和门诊大病的基本医疗需求，缓解群众"看病难、看病贵"，推进社会公平正义。采取自愿参加，参保对象包括不属于城镇职工基本医疗保险制度覆盖范围的中小阶段的学生（含职业高中、中专、技校学生）、少年儿童、其他非从业城镇居民。城镇居民医疗保险资金的筹集主要采取个人缴费和财政补助相结合，财政补助向困难人群倾斜的办法。对老年居民、学生儿童以及低保人员、重点优抚对象、二级及以上重度残疾人员、孤儿及特困家庭子女等人群，给予参保缴费部分补助和全额补助的优惠政策。城镇居民医疗保险保障的重点是保住院和门诊大病，兼顾门诊，确保为参保居民在患大病、重病时提供基本保障。

（3）城乡居民基本医疗保险制度。随着我国医疗体制改革的不断深入，以及城乡居民社会医疗保障覆盖人群的扩大、保障水平的提升，城乡居民的社会基本医疗保障在资金统筹、支付标准等方面，更加需要一个统一的制度。2016年，国务院发布《国务院关于整合城乡居民基本医疗保险制度的意见》（国发〔2016〕3号），提出推进城镇居民医保和新农合制度整合，逐步在全国范围内建立起统一的城乡居民医保制度，覆盖范围是除职工基本医疗保险应参保人员以外的其他所有城乡居民，均衡城乡保障待遇，逐步统一保障范围和支付标准。2017年底，全国各省普遍启动城镇居民基本医保和新农合整合工作，80以上地市已实施统一的城乡居民医保制度，打破了城乡"二元"结构，初步实现了"六个统一"（统一覆盖范围、统一筹资政策、统一保障待遇、统一医保目录、统一定点管理、统一基金管理）。

（二）大病保险制度

大病医疗保障是帮助家庭抵御大病侵袭，减轻家庭大病风险损失，体现社会互助共济，促进社会公平正义的一项重要安排。2012年8月，国家发展改革委员会（发改委）等六部门联合发布了《关于开展城乡居民大病保险工作的指导意见》（以下简称《指导意见》），标志着中国城乡居民大病医疗保障从地区局部试点上升为全面推广实施的新阶段。《指导意见》要求大病保险应该采取"先行试点、逐渐推开"的方法。在六部委指导意见的推动下，各地区纷纷开展大病保险试点，到2017年，建立起比较完善的大病保险制度，与医疗救助等制度紧密衔接。

(三)商业健康保险制度

2006年,国务院发布《国务院关于保险业改革的若干意见》(国发〔2006〕23号,以下简称《意见》),《意见》强调了商业健康保险的重要性,并指出商业健康保险是医疗保障体系中必不可少的组成部分,要对商业健康保险公司进行扶持。2009年医改的出台,国家明确了商业健康保险在我国医疗保障体系的构架中的作用和地位。2017年,财政部、税务局、保险监督管理委员会联合发布《关于将商业健康保险个人所得税试点政策推广到全国范围实施的通知》,规定从7月1日起将商业健康保险个人所得税试点政策推广到全国范围,购买商业健康保险可以抵扣个税,这为商业健康保险的发展带来了新契机。

二、我国健康保险业现状

我国的健康保险发展开始于20世纪80年代保险业全面复苏的时点,时至今日,已取得了不小的进步。一方面,社会保障的覆盖面在逐步扩大,保障力度在不断加强,总的来说,社会保障是"低水平、广覆盖"。另一方面,我国医疗费用的偏低是不争的事实,在这一方面,仍有很大的缺口需要弥补。在人们的多种医疗需求中,一些费用是社会保障所无法给予的,而商业健康保险对其的很好补充就是最大的竞争点,同时也是其存在必要性的很好例证。我国健康保险存在如下主要问题。

(1)目前我国健康保险市场很不规范,导致现实中存在着两大矛盾。即"供求矛盾"和"市场潜力与市场风险矛盾"。

供求矛盾:一方面市场空间大得惊人,另一方面保险公司踌躇不前;一方面社会公众需求迫切,另一方面市场供给乏力。有效供给不足,难以满足居民的巨大需求。随着居民收入不断提高、医疗费用快速增长和我国逐步进入人口老龄化阶段,人民群众的健康保障需求日益高涨,健康保险前景十分广阔。另外,我国商业健康保险还处于初级阶段,健康保险在人身保险业务中的比重较小。与居民对健康保障的需求还有很大的差距。

市场潜力与市场风险矛盾:风险控制薄弱制约健康保险的发展规模。健康保险一直面临着市场潜力巨大和风险控制薄弱的矛盾。健康保险发展的风险环境非常复杂,除了国外经营健康保险都会面临的医疗费用上涨风险、投保人和被保险人的逆选择和道德风险、医疗服务提供者的道德风险等风险因素外,我国健康保险发展还面临特有的体制性风险,如卫生体制、医疗体制以及药品流通体制带来的风险等。风险控制成为制约健康保险潜在需求转化为现实需求的瓶颈。所有寿险公司都看到了健康保险市场蕴含的无限商机,但出于对医疗费用失控风险的忧虑,谁也不敢在这个充满风险的市场中盲目冒进,两者遂产生了矛盾。面对如此诱人的市场前景,保险公司却似乎显得无动于衷,尽管市场上时常有新的健康保险险种推出,但销售规模未有质的突破。因此,如何理顺保险公司、医疗服务提供者和被保险人的关系,有效避免道德风险,降低医疗费用,实现健康保险参与者三方和谐"共赢",也是健康保险企业经营绕不过去的坎儿。

（2）商业健康保险的作用未得到充分发挥。我国社会医疗保险体系的制度设计在一定程度上使得政府介入较深，降低了商业保险的发展空间。主要表现在政府在健康保险体系中的"越位"与"缺位"。

政府的"越位"主要表现在，大部分地区在基本健康保险的层面上又推出形式不同的补充健康保险，这种由社会保障部门通过强制参保、以基本健康保险的方式来经营的补充健康保险，从体制上很难判定其营利性与否。如果说补充健康保险举办的目的在于营利，则有悖于政府部门的职能；如果说补充健康保险举办目的是非营利性，则无异于基本健康保险在量上的扩张，导致资金管理上的困难和政府部门人力成本的加大。其次是财政负担和企业负担的加大。未来健康保险费用的增长趋势与政府收费的稳定性之间的矛盾难以克服，现行收费的比例可能不足以应付未来的支付。一旦出现补充健康保险账户资金不足，难免出现向其他账户透支而导致资金管理混乱，或由财政垫付而增加财政的负担，或给付不及时而影响整个社会保障体系和政府的信誉。

第三节　其他健康服务业

本节简要介绍健康服务支撑产业和健康旅游业的内涵及特点。

一、健康服务支撑产业

2013年，《国务院关于促进健康服务业发展的若干意见》（国发〔2013〕40号）明确提出了健康服务业是以维护和促进人民群众身心健康为目标，主要包括医疗服务、健康管理与促进、健康保险以及相关服务，涉及药品、医疗器械、保健用品、保健食品、健身产品等支撑产业，指导我国健康服务业的快速发展。

（一）健康服务支撑产业的内涵

健康服务支撑产业涵盖对医疗服务、健康管理与促进、健康保险服务形成基础性支撑及所衍生出来的各类产业，主要包括药品、医疗器械、保健用品、健康食品等研发制造和流通等相关产业，以及信息化、第三方服务等衍生服务。其中医疗服务是健康服务业的关键环节和核心内容。尽管健康服务业的内涵丰富、外延宽泛，医疗服务以及提供医疗服务的医疗机构始终是发展的核心所在，没有优质的医疗服务作为支撑，其他衍生、外延服务难以持续发展。

（二）健康服务支撑产业的特点

（1）健康服务支撑产业链条长、投资大、风险高。健康服务业包含内容广泛，涵盖第一产业、第二产业和第三产业,并与许多相关行业有很强的相关性。健康服务业的高技术含量决定了其支撑产业技术研发与产品开发所需软硬设备费用高、周期长、失败风险高,技术与产品开发相关人力资源的成本亦较高。

(2)健康服务支撑产业的高技术性、高附加值、高收益性。健康服务业作为服务性产业,提供的服务及产品多为知识密集、技术含量高、多学科高度综合互相渗透的产物。如健康评估手段、保健食品、诊疗技术、生物医药等与信息技术、生物技术、生命科学等相关学科高新技术的发展紧密相连,其高投入、高技术含量的特点决定了其高附加值的特性,尽管前期投入巨大,但产生的收益也是巨额的。

(3)健康服务支撑产业的集中程度高。健康服务业不仅表现为大量企业的集聚和集群创新,还体现在人才、技术、资本等要素资源的聚集。从世界范围来看,医疗服务如医药产业是集中程度最高的产业之一,医药企业管理极其严格,任何新药、新医疗技术的问世之前,必须经过长期复杂的临床试验,被淘汰的可能性极大,因而其研制费用极高,一般企业无法承担,只有少数制药巨头才有能力组织医药的研究和开发,并因此在同行业竞争中取得优势和获取高额利润。

(4)健康服务支撑产业具有显著的社会效益和可持续性。健康服务支撑产业为消费者所提供的是与预防、医疗、护理、保健、康复、健康管理等相关的产品、技术及服务,这些技术手段是提高劳动力人口素质、提升全民健康水平的基本保障。因此,健康产品和服务的提供不仅关系到人群的健康状况,更与社会稳定和经济可持续发展息息相关。健康服务支撑产业的发展不但具有显著的社会效益,更有极强的可持续性。

二、健康旅游业

人类对健康的追求是充分享受物质文明和精神文明成果的最高追求。而健康旅游正是在顺应了人们对更高品质生活追求的前提下产生的,它对人们生理和心理的康复效益越来越被广大的旅游消费者认可,已成为旅游业未来发展的潮流,这一趋势也是人类社会发展的必然结果。近年来,健康旅游已经展现出强大的市场潜力,成为继观光、休闲度假、体验旅游之后的一种全新旅游方式。健康旅游主要包括四种类型,即以治疗旅游者某种疾病为目的的求医疗养型、亚健康人群自我调节为目的的休闲调整型、体育参与或观赏体育活动为主要内容的增强体质型、探索未知世界和挑战身体极限为目的的自我实现型。

第十章　拓展材料

(一)健康旅游的特点

(1)健康旅游对良好环境的高度依赖性。健康旅游活动的开展对自然环境、社会环境要求均很高。度假旅游、康养旅游、医疗旅游、养老旅游本身都是在生态环境良好、气候条件适宜、各种自然要素配合相得益彰的森林、滨海、草原、山地等环境中开展。在社会环境方面,虽不像对自然环境条件的要求那样高,但基本的、相对良好的社会环境条件也是不可缺少的,如方便的交通条件、充足的物资供应条件、灵便的信息沟通条件和安全和谐的人际交往条件等。

（2）健康旅游对文化的依赖性。健康旅游的发展是根植在深厚的文化土壤中的。从思想层面唤起公众对健康的重视，增强公众健康意识，需要健康文化、养生文化、长寿文化、中医药文化的教育和引导，健康旅游产品的生产和消费实际上是人们对健康旅游文化不同追求的体现。从健康旅游所涉及的文化范围看，健康旅游属于典型的交叉科学中的综合科学，健康旅游的发展需要医学、心理学、运动学、管理学、伦理学、美学、环境学、地理学、社会学等众多学科的理论指导与支撑。健康旅游项目和产品的打造要深入挖掘传统医药文化、时尚健康文化、哲学艺术、宗教文化、体育文化、自然生态文化等。健康旅游产品设计、形象主题确定、宣传策划方式和工作人员培训内容都与养生文化、健康理念密切相关。

（3）健康旅游对科学技术的高度依赖性。科学技术是健康旅游发展的支撑。医疗旅游需要先进的医疗设备，康养保健旅游需要传统的医疗设备，体育旅游需要户外装备，对各类项目的健康效果评估也需要设备的支撑。例如温泉旅游因具有疗疾、健体、娱乐等多种功能而受到游客的喜爱，在开发利用过程中，要对其水质进行理化分析，包括微量元素的种类和含量、水温、疗效等一系列问题，需要相关仪器设备和懂物理、化学、医学的专业技术人员参与。健康旅游与信息技术、生物技术的深度融合，借助互联网、大数据、远程医疗新技术，不断推出新的健康旅游高科技项目。如基于基因水平的精准诊断、基于靶向药物的精准治疗、基于医疗大数据的精准预防等，这些在跨国医疗旅游中具有吸引力的医疗设备和诊断技术都是高科技的产物。在健康旅游营销中，更是离不开移动互联网、移动通信、大数据、人工智能等技术的运用。

（4）健康旅游地域差异性和品牌差异性。健康旅游的地域差异性体现在健康旅游环境和社会文化等方面的差异，自然环境、文化的差异进而会形成健康消费市场、消费行为、健康旅游产品和品牌的差异。不同区域、不同季节、不同地貌类型、不同气候条件等自然环境的差异，形成了不同的健康旅游产品，如南方冬季避寒、北方夏季避暑，印度的瑜伽、冥想，泰国泰式精油传统按摩，韩国美容旅游等。

（5）健康旅游的高度综合性。健康旅游的综合性主要是指产业的综合性、管理的综合性、产品的综合性等。健康旅游产业属于附加值高、关联带动性强的第三产业，是旅游业与中西医疗业、体育产业、文化产业、养老服务业、互联网等多产业的融合，离不开第二、第三产业的支撑。同时健康旅游管理的综合性是指健康旅游受到政府、安全管理局、医药管理局、消费者、投资者、景区等方面的交叉管理，因此，健康旅游管理需要兼备健康服务和旅游服务专业知识与技能的综合性人才。

（二）健康旅游的作用

健康旅游不仅包含着旅游的观光游乐性质，而且体现了健康的特性，在旅游的过程中改善了旅游者的身体、心理等方面的健康状况，既是对旅游的进一步升华，又包含了提升旅游者健康水平的功能。

（1）以放松心情、减缓压力为目标。健康运动强调积极的健身方式即通过参加各种活动来促进和保持身体的良好状态。当人们参加休闲活动时，旅游是一种促进健康的很好的手段。我们能把健康的概念引入一些特色旅游活动之中，例如游泳、划水、徒步穿越等。

（2）以强身健体、提高生活质量为目标。健康旅游是人们发现生活的意义和目的的过程，例如观看日落日出，以此达到放松精神、缓解生活压力、提高生活质量的目的。

（3）以保护、注重生态为根本出发点。健康旅游保护生态环境，遵循自然规律，利用风景区已有基础设施，合理规划开发，实现人与自然和谐发展。

电子资源—练习题

第十章　练习题

参考文献

一、图书文献

[1] 郭清. 健康管理学概论[M]. 北京：人民卫生出版社，2012.

[2] 郭清. 健康管理学[M]. 北京：人民卫生出版社，2015.

[3] 刘树琪. 健康服务与管理[M]. 北京：人民卫生出版社，2015.

[4] 武留信，曾强. 中华健康管理学[M]. 北京：人民卫生出版社，2018.

[5] 郭清. 健康服务与管理导论[M]. 北京：人民卫生出版社，2020.

[6] 郭姣. 健康管理学[M]. 北京：人民卫生出版社，2020.

[7] 王家良. 循证医学[M]. 北京：人民卫生出版社，2010.

[8] 李幼平. 循证医学[M]. 北京：人民卫生出版社，2014.

[9] 张亮. 卫生事业管理[M]. 北京：人民卫生出版社，2013.

[10] 王长青. 卫生管理学[M]. 北京：中国中医药出版社，2017.

[11] 王陇德. 健康管理师基础知识[M]. 北京：人民卫生出版社，2012.

[12] 陈君石，黄建始. 健康管理师[M]. 北京：中国协和医科大学出版社，2007.

[13] 王培玉. 健康管理学[M]. 北京：北京大学医学出版社，2012.

[14] 李晓淳. 健康管理[M]. 北京：人民卫生出版社，2012.

[15] 李德新，刘燕池. 中医基础理论[M]. 北京：人民卫生出版社，2011.

[16] 马烈光. 中医养生学[M]. 北京：中国中医药出版社，2012.

[17] 孙广仁，郑洪新. 中医基础理论[M]. 北京：中国中医药出版社，2012.

[18] 杨勇，许虹. 治未病概论[M]. 北京：人民卫生出版社，2013.

[19] 中国健康促进基金会组织. 中华健康管理学[M]. 北京：人民卫生出版社，2016.

二、期刊文献

[1] 胡大一. 用循证医学指导心血管疾病的防治[J]. 中国循证医学杂志，2004，4（5）：285-287.

[2] 李静，李幼平. 循证医学与 21 世纪医学教育[J]. 中国循证医学，2001，1（2）：71-73.

[3] 杨克虎，刘雅莉，袁金秋，等. 发展和完善中的系统评价再评价[J]. 中国循

证儿科杂志，2011，6（1）：54-57.

[4] 孙柳. 循证护理的展望[J]. 循证医学，2004，4（3）：174-177.

[5] 刘雅莉，袁金秋，杨克虎，等. 系统评价再评价的制作方法简介及相关制作方法分析[J]. 中国循证儿科杂志，2011，6（1）：58-64.

[6] 王培玉. 健康危险因素概论[J]. 中华健康管理学杂志，2005（1）：38-40.

[7] 黄建始，陈君石. 健康管理的理论与实践溯源[J]. 中华健康管理学杂志，2007，1（1）：8-12.

[8] 李力. 中医特色健康管理体系构建的基本原则与内涵[J]. 中华健康管理学杂志，2014，8（6）：423-424.

[9] 中华医学会健康管理学分会，中华健康管理学杂志编委会. 健康管理概念与学科体系的中国专家初步共识[J]. 中华健康管理学杂志，2009,3（3）:141-147.

[10] 严晓玲，王洪国，陈红敬，等. 新医改环境下我国商业健康保险发展的现状、问题与对策[J]. 中国卫生政策研究，2013，6（5）：50-54.

[11] 李宁雁. 浅论我国健康保险发展中的现状、问题和对策[J]. 改革与开放，2011（4）：152+154.

[12] 孙继艳，郝晓宁，薄涛，等. 我国健康养老服务发展现状及建议. 卫生经济研究杂志[J]. 2016，11：13-15.

三、其他文献

[1] 国务院办公厅. 国务院关于加快发展养老服务业的若干意见（国发〔2013〕35号）[EB/OL]. [2013-09-06]. http://www.gov.cn/xxgk/pub/govpublic/ mrlm/201309/ t20130913_66389.html#

[2] 国务院. 国务院关于印发"十三五"国家老龄事业发展和养老体系建设规划的通知（国发〔2017〕13号)[EB/OL]. [2017-03-06]. http://www.gov.cn/zhengce/content/2017-03/06/content_5173930.htm

[3] 国务院办公厅. 国务院办公厅关于推进养老服务发展的意见（国办发〔2019〕5号）[EB/OL]. [2019-04-16]. http://www.gov.cn/zhengce/content/ 2019-04/16/content_ 5383270.htm

[4] 中共中央 国务院. 中共中央 国务院印发《"健康中国2030"规划纲要》[EB/OL]. [2016-10-25]. http://www.gov.cn/xinwen/ 2016-10-25/content_5124174.htm